Eine Seefahrerkneipe, die über Generationen Geschichten in sich aufgenommen hat und selbst Legende war. Hinter der Theke schlägt ihr Herz, das letzte bricht. Vor der Theke findet sich alles, was zwischen zwei Liedern oder zwanzig Bier verhandelt wird: Seemannsgarn, gestiftete Verbindungen, Inselklatsch, Abgründe aus der ganzen Welt. Und das, was auch nach dem x-ten Schnaps unausgesprochen bleibt.

Nach dem spurlosen Verschwinden des letzten Betreibers löst sich die Tradition für immer auf. Wie kalter Rauch, der noch in der Luft steht, hallen die Stimmen der Gäste in den verwaisten Räumen nach. Die Gegenstände, angesammelt über mehr als ein Jahrhundert, erstatten stumm Bericht. Die Geister übernehmen, und im Raum steht die Frage: Was bleibt?

Kai Ehlers arbeitet mit Bildern und Erzählungen an einem poetischen Zugang zu geteilter Wirklichkeit und ihrer Geschichte. Das hat ihn wiederholt zu Menschen und Orten nah an der „großen Geschichte" geführt: Ladenbetreiberinnen im Schatten des World Trade Center kurz nach dem 11. September, ein Schlagerstar im Moment ihres Durchbruchs, ein vom NS-Regime zwangssterilisierter Einsiedler im Moor, das Ende einer traditionsreichen Hafenkneipe. Am Ende steht meistens ein Film, zuletzt auch ein Onlinearchiv, eine Ausstellung und – in diesem Fall – ein Fotoroman.

„Ein Lied vom Leben" ist zusammen mit der Ausstellung „bei Tante Herta – Wunderkammer Hafenkneipe" im Museum Kunst der Westküste der zweite Teil seiner Trilogie zu deutscher Zeitgeschichte. Den ersten Teil bilden der Film „Freistaat Mittelpunkt" und das gleichnamige Onlinearchiv.

Kai Ehlers

Ein Lied vom Leben

TOD EINER HAFENKNEIPE

Textem Verlag Hamburg

In dankbarer Erinnerung an meine Mutter, Imke Ehlers

* 1951 in Celle
† 2021 in Goting

Originalausgabe
Erste Auflage 2023
Textem Verlag, Hamburg

Fotografien: Kai Ehlers & Grischa Schmitz
Editor: Micha Bonk
Gestaltung: Franziska Nast

Druck und Bindung: Roco Druck GmbH, Wolfenbüttel
Papier: MagnoVolume 1.1, MagnoGloss
Schriften: Joane, Myriad Pro, C059
Printed in Germany
ISBN 978-3-86485-298-5

PR: Parrots & Bears

INHALT

Ende
HOFFNUNG

Unten, beim Eintritt ins Haus, geht es gleich rechts ab in die Kneipe.

„Eigentlich sehe ich Claus-Otto da stehen, immer noch, das ist so.“

Links, direkt gegenüber der Kneipe, eine Tür zur Wohnung von Claus-Otto Menden, dem letzten Inhaber.

„Am ersten Weihnachtsfeiertag, das ist so üblich, ist hier immer auf, trafen sich alle, und da war zu. Da bin ich hinten rumgegangen, zur Wohnung hoch, und hab ihm einfach eine Kleinigkeit hingestellt, weil er das gesagt hatte, wenn er sich nicht wohlfühlt, dann lässt er einfach zu.“

„Als aber zweiter Weihnachtsfeiertag das gleiche Bild war nachts, da bin ich hochgegangen und auch rein in die Wohnung. Da hab ich da den Fernseher laufen sehen und alles und hab auch nicht weitergeguckt und hab gedacht, jetzt rufst du die Polizei.“

Der Tür gegenüber steht ein Arbeitstisch, von dem schon ein Computer mitgenommen wurde. Rechts geht es zum Schlafzimmer.

„Es ist kalt gewesen in der Nacht."
„Und weil Glatteis war, haben sie erst alles abgesucht, ob er vielleicht irgendwo gestürzt ist. Eisschollen sind im Wasser gewesen, es war extrem kalt."

Im Schlafzimmer ein Doppelbett, an der rechten Wand das Kopfteil, ihm gegenüber auf einem niedrigen Regal ein LCD-Fernseher. Groß, aber nicht nervig. Das Bett blau bezogen. Auf dem Boden eine Hantel.

„Und dann war das Schild dran. Tatort. Versiegelt. Und die Polizei hat in alle Richtungen ermittelt.“

bei Tante Herta

HOFFNUNG

„Die Kneipe hat ja über hundert Jahre Bestand gehabt. Das gab's ja schon über hundert Jahre so, bis auf den Tresen, der ist irgendwann in den Neunzigern mal neu gekommen."

„Wenn man uns damals als Einheimische fragte, ‚Glaube Liebe Hoffnung', das sagt kein Mensch. Für uns war das ‚bei Tante Herta'. Das war auch: ‚Wo kann man hingehen?', hieß es immer gleich: ‚Tante Herta', wussten alle Bescheid."

„Ich hab Tante Herta ganz kurz einmal kennengelernt. Da war ich selber noch als Kurgast hier. Ich glaube, das war an Ostern. Kneipe rappelvoll, Claus-Otto stand mit seiner Tante Inge schon da, brauchten sie Herta noch zur Hilfe …

… und dann kam Herta durch die Tür gewackelt, und die Masse teilte sich wie das Meer, das war unglaublich.“

„Einmal, als der Bruder meines Kumpels Besuch aus Schweden mitgebracht hatte, haben wir uns ein Saufspiel ausgedacht. Nur bei bestimmten Feldern durfte man Pinkeln gehen, bei anderen musste man das Bier des Nachbarn exen, bei wieder anderen Schnaps trinken, also trinken, trinken, trinken. Dann hatte einer der Schweden, ein Bär von einem Mann, etwas zu meckern oder wollte etwas, auf jeden Fall stand er auf."

„Da kam Tante Herta, den nassen Feudel in der Hand, ohrfeigte den langen Blonden zweimal, links, *klatsch,* rechts, *klatsch,* mit dem Feudel und befahl: ‚Hinsetzen!‘ Darauf setzte sich der verdutzte Schwede und brauchte eine Viertelstunde, um von diesem unerwarteten Schock wieder zu sich zu kommen.“

„So hatte Tante Herta ihren Laden im Griff.“

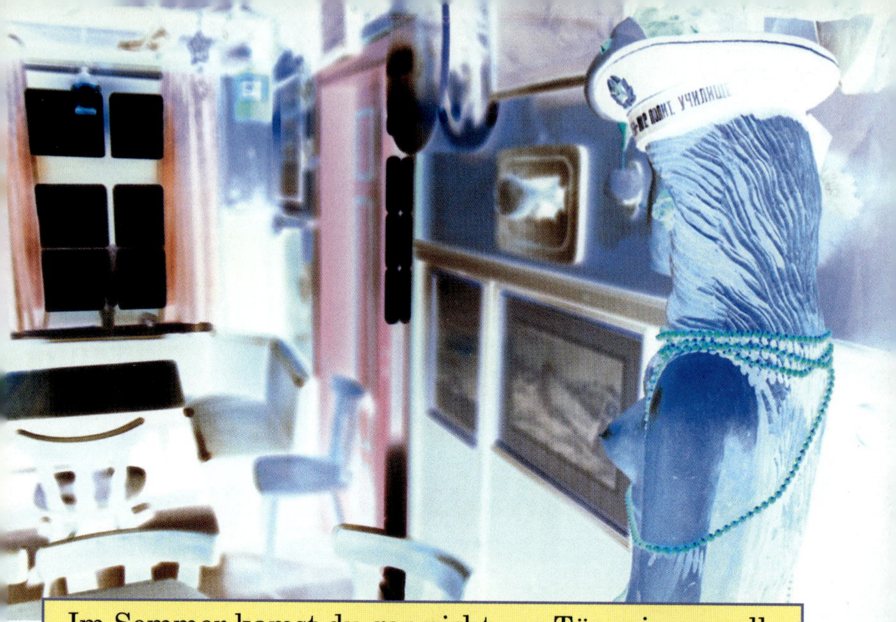

„Im Sommer kamst du gar nicht zur Tür rein, so voll war das Ding. Da hast du dich dann so reingequetscht. Und Kneipen, je voller, desto schöner sind sie ja, ist ja klar. Auch die ganzen Urlauber, die hier herkamen, die sind öfter zum Urlaub wiedergekommen, nur um in diese Kneipe reinzukommen, weil ihnen das so unwahrscheinlich gefallen hat.“

„Das war überhaupt das Tolle, dass bei Tante Herta alle versammelt waren, von acht, äh 18 bis 80. Das war wie eine große Familie da, und man konnte in Arbeitsklamotten, also ich in Latzhose, reinkommen und der Bankdirektor mit Schlips stand daneben. Hat nie irgendeine Rolle gespielt, es zählte immer nur der Mensch."

„Ich hab hier angefangen mit Fünfzehn, darf man gar nicht laut sagen. Da war das Bier noch bei siebzig Pfennig. Letztendlich bin ich in dem Laden groß geworden. Bin dann zwölf Jahre auf See, wiedergekommen und wieder hier gewesen."

„Das war unser Treffpunkt, man brauchte sich mit keinem zu verabreden. Es war eine Institution, und du wärst gar nicht auf die Idee gekommen, irgendwo anders hinzugehen."

„‚Wo kommt ihr denn her?‘ ‚Wir sind vorgestern angekommen, wir arbeiten im Hamburger Kinderheim in der Küche.‘ Herta wusste immer, wenn dat Neue gab, andere Gesichter gab.“

„Dann sagte sie zu uns: ‚Du, da vorne sind drei neue Mädchen, kümmert euch mal um die …‘“

„Mama und Papa haben sich hier kennengelernt, an dem Tisch da."

„Als ich meinen Sohn bekommen habe, gingen wir zu Tante Herta. Ich sage: ‚Ich bin Vater geworden.‘ Sagt sie: ‚Alle raus!‘ Waren noch so fünfzehn Leute. Die nippten aber alle nur an ihrem Bier, das mochte sie nicht so. Und dann hat sie mit uns getrunken und mir noch einen Gutschein mitgegeben für meinen Sohn: Wenn er sechzehn wird, darf er zwanzig Bier trinken. Den Gutschein hab ich leider versust, aber er durfte dann trotzdem seine Bier trinken.“

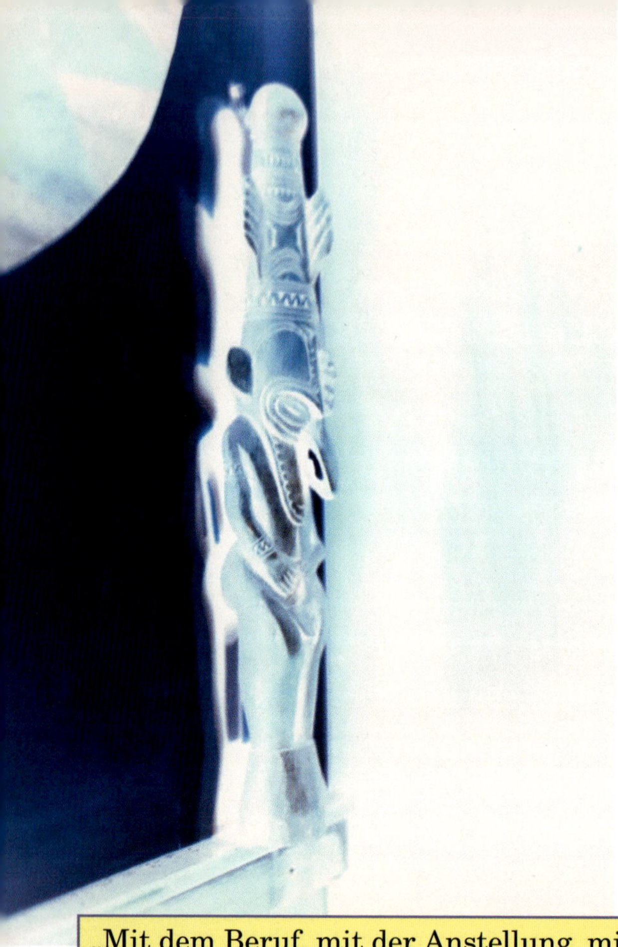

„Mit dem Beruf, mit der Anstellung, mit der Frau, da hat man dann Probleme. Mit der nächsten dann auch usw., und das wurde alles hier dann vor Tante Herta im Zweiergespräch erläutert. Das war sogar möglich, wenn der Laden voll war. Da konnte man sich sogar zu zweit noch gut unterhalten, wenn man dicht genug rankam, ohne dass die anderen das denn mitkriegten."

„Und sie hat das auch gut verstanden, sie konnte zuhören, das gibt's ja heute kaum noch. Sie konnte zuhören und hier und da einen Rat geben, ein bisschen trösten, und dann konnte man sich wenigstens seine Sorgen mal von der Seele reden."

„Ach, wir hatten das so gut bei ihr."

„Tante Herta war wie unsere Mutter. Manchmal hat sie einen auch in den Arm genommen."

„Inge, das war die Schwester, die war so eine Lütte, Rabiate, die stand hinter dem Tresen und zapfte Bier. Irgendwann hatte sie gesagt: ‚Du shallst mir in die Ogen kieken.‘ Damit sie weiß, wer was bestellt hat, wenn sie mit dem Rücken zu einem beim Zapfen war. Mein bester Freund schaffte das mit Bravour nicht, worauf Inge sich umdrehte in einer Geschwindigkeit: ‚Du dumme Jung, ik hef di secht, du shallst mir in de Ogen kieken, du kriegst hüt Avend keen Beer mehr.‘“

„Und dann war das auch so, er konnte machen, was er wollte, er kriegte kein Bier mehr. Das war das gesprochene Wort und das stand. Nächsten Abend war die Welt wieder ganz anders, aber für den Abend war das Thema durch.“

„Die waren für jeden da, aber auch
für sich, die haben ihr Geld gemacht.“

„Die Kneipe war eine Goldgrube. Die haben einen nicht ausgenommen, aber wenn einer mal nicht bestellt hat: ‚So, nu nimm noch mal wedder een Punsch.‘ Das war normal, das war bei denen so, das gehörte so.“

„Eine Kneipe steht und fällt mit den Leuten, die hinterm Tresen sind, und diese beiden alten Damen, die konnten dat, das war eine wahre Freude.“

Hundeleben

Links die Stiege nach oben zum restlichen Wohnbereich.

Oben. Ein Wohnzimmer mit Essnische neben der Treppe und Sofaecke unter der Dachschräge gegenüber.

Gedenket eurer Brüder zur See!
Die
Deutsche Gesellschaft
zur Rettung Schiffbrüchiger
PROTECTOR

„Was hätte er denn machen sollen? Wenn sie von der Mutter so eine Existenz übertragen bekommen können, dann sagt man natürlich: ‚Ja', auch wenn einem das nicht hundertprozentig gefällt, ehe ich als arbeitsloser Lehrer dasitze, oder?"

„Das waren ja die geburtenstarken Jahrgänge, Claus-Otto war Jahrgang ’53. Deswegen hatte er auch das Problem, eine Einstellung nach dem Referendariat, das ja zur Ausbildung gehört, zu bekommen. Ich glaube, das nannte man damals Assessor. Jedenfalls hat er keine gekriegt.“

„Er hat das mit seiner Tante und seiner Mutter gemacht hier zuerst. Zur Unterstützung seiner Mutter, um ihr auszuhelfen.“

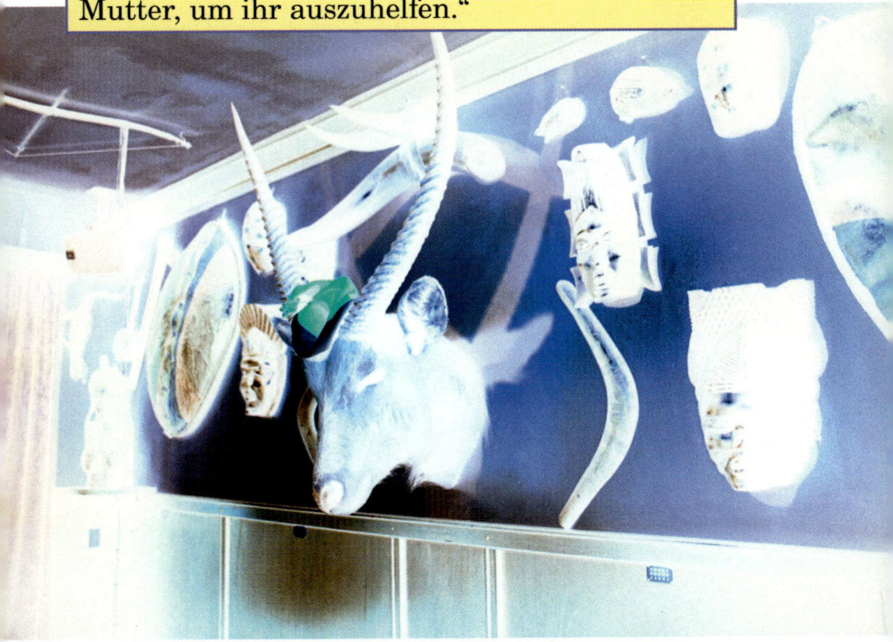

„Tante Inge musste dann aus gesundheitlichen Gründen aufhören, und da ist Claus-Otto richtig eingestiegen, er hat den Tresen gemacht und Herta hat noch bedient.“

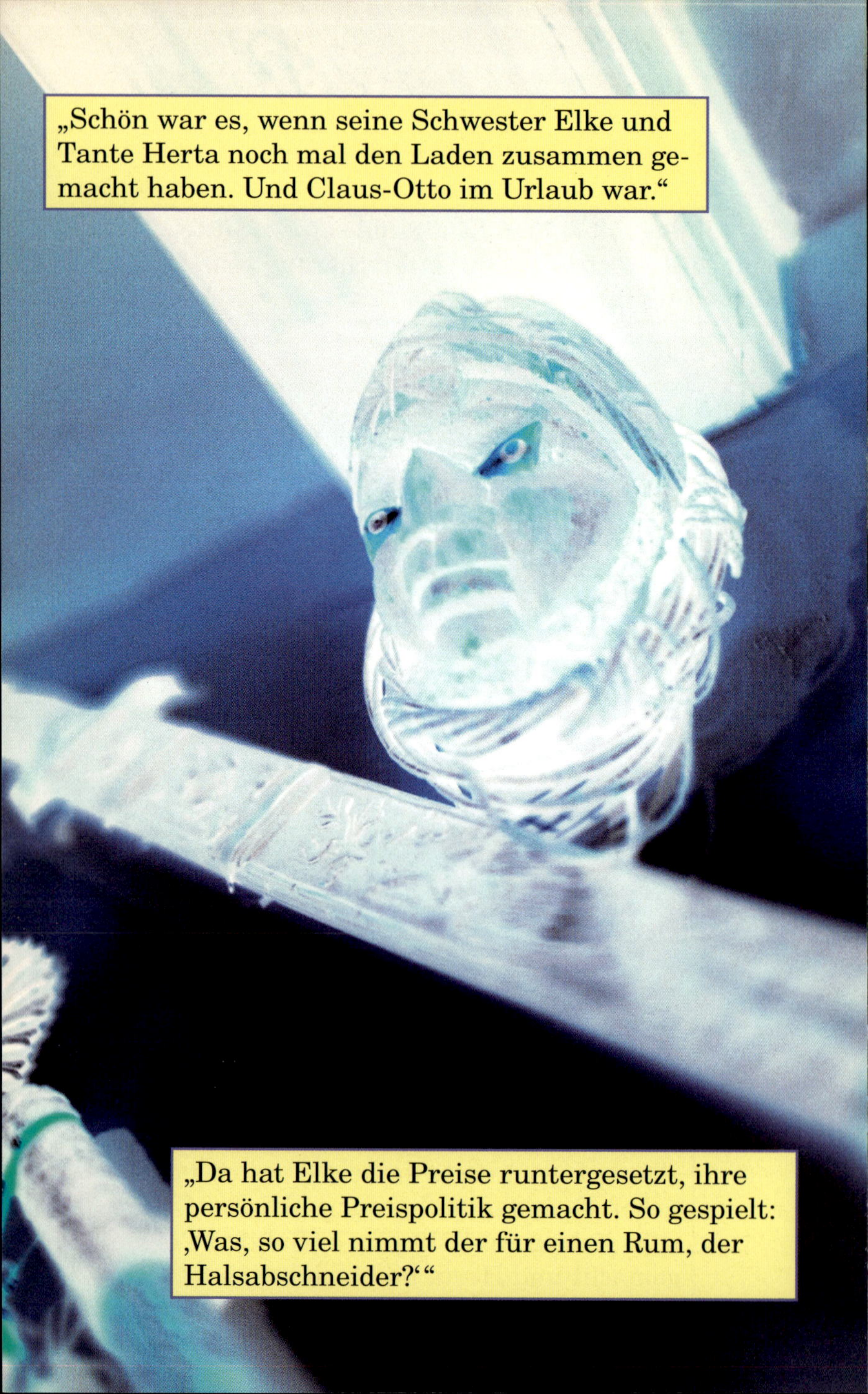
„Schön war es, wenn seine Schwester Elke und Tante Herta noch mal den Laden zusammen gemacht haben. Und Claus-Otto im Urlaub war.“
„Da hat Elke die Preise runtergesetzt, ihre persönliche Preispolitik gemacht. So gespielt: ‚Was, so viel nimmt der für einen Rum, der Halsabschneider?‘ “

„Nach ihrem Herzinfarkt habe ich die Kneipe mit meinem Bruder ein Jahr geführt, dann bin ich wieder raus. Weil ich einen Ehemann habe und um sechs aufstehen muss, und weil ich mich nicht scheiden lassen wollte und auch keinen Mann haben wollte, der jeden Abend besoffen am Tresen steht. Ich hab Claus-Otto gesagt: ‚Nun mach das mal, du wolltest das.'"

„Tante Herta ist mit achtundsiebzig Jahren gestorben. Die Kirche brach aus allen Nähten, und Kerzen brannten hier vor der Tür der Kneipe.“

„Eigentlich war es nur Seefahrern und Kapitänen erlaubt, sich seebestatten zu lassen. Aber für Tante Herta ist eine Ausnahme gemacht worden."

Tradition

„Claus-Otto hat den Laden in höchster Blüte übernommen, sozusagen. Es war von abends um sechs bis elf, zwölf fast immer brechend voll.“

„In den ersten Jahren, da kam ich meistens neun, halb zehn erst hin, und dann hatte ich auch wie alle anderen Stammgäste innerhalb zwei Minuten das erste Bier gezapft, unaufgefordert, von ihm.“

Im Flur vor der Wohnungstür mit Blick in den Hof und Tritt auf die Treppe nach unten: Schuhe, verschiedene Modelle, getragen.

„Die Gastwirtschaft gibt es schon seit fünf Generationen. Mein Urgroßvater, der kam aus Bredstedt, der hat die gekauft, der war Fuhrmann gewesen. Bis Anfang des 20. Jahrhunderts war ‚Glaube Liebe Hoffnung' eine Fremdgeschriebenen-Herberge von den fremdgeschriebenen Maurern, ‚Schwarzschlipser', die gibt's ja heute noch. Also ein Hort für Wandergesellen, aus dem dann die Kneipe hervorging: ‚Herberge zur Heimat'. Wenn die hier rüberkamen, kriegten die da ein Quartier."

Ein seltsam orangefarbener Wandanstrich im vom Flur abgehenden winzigen Zimmer mit Dachschräge. Dort ein Tritt in den Spitzboden. Oben allerlei verpackte und verstaute Dinge, darunter etwas, das aussieht wie ein Segel. Unten auf dem Fußboden Taschen. Leere Bilderrahmen neben der Tür und eine Reproduktion, „Föhrer Ansichten", gezeichnet und radiert, aus dem 19. Jahrhundert.

„Das waren die Zimmer für die fremden Maurer und Zimmerleute, wenn die kamen. Und mir ist erzählt worden, einer, der war fast zwei Meter groß, der ist in die Knie gegangen, und denn, ja, hat er sich am Fensterkreuz aufgehangen, hat sich das Leben genommen …

… Hertas Mutter, unsere Großmutter, war da aus dem Haus und ihr Vater, unser Großvater, war ein Fremdgeschriebener, der kam vom Festland, der ist hier hängen geblieben. Das war so ein Kleiner, Mauermann. Der war überzeugter Sozialist.

Als die Nazis an die Macht kamen, hat er seinen ganzen SPD-Kram in der Kalktonne, jeder Maurer hat eine Kalktonne, versteckt. Und als Inge Flakhelferin werden sollte, Herta war schon nach Sylt abkommandiert, ist er zum Landrat nach Niebüll gefahren und wollte erreichen, dass sie nicht eingezogen wird. Begrüßt er den Landrat mit: ‚Guten Tag', sagt der: ‚Geh nach draußen, mach das noch einmal, Heil Hitler heißt das.' Das hat er nicht gewollt und hat den Landrat noch ein bisschen geschüttelt, Maurer haben ja nun mal kräftige Arme. Da haben sie ihn ins Gefängnis gesteckt. Hatten alle Angst, dass er deportiert wird.

In ihrer Not haben sie den Friedrich Christiansen angeschrieben, den General. Der hatte 1902 mitgeholfen, die Zeppelinhallen in Friedrichshafen zu bauen, da war der Großvater auch dabei, da haben die sich kennengelernt. Christiansen ist dann zu den Fliegern gegangen und hat dieses Ding geflogen, die Do-X.

Bei den Nazis ist der dann sehr groß geworden, war nachher Gouverneur, glaube ich, nennt man das, der Statthalter von Hitler von den Niederlanden und auch zuständig für die Deportation der dortigen Juden. Da hat der zurückgeschrieben: ‚Den alten Mann kenn ich, das ist ein Idiot, lasst den mal laufen, der ist senil.'"

Am 20. Mai 1940 wurde Friedrich Christiansen Wehrmachtsbefehlshaber in den Niederlanden. Als Vergeltung für einen Partisanenüberfall befahl er am 1. Oktober 1944, das Dorf Putten niederzubrennen und die männlichen Bewohner im Alter von 18 bis 50 Jahren zu deportieren. 660 Männer wurden aus Putten abtransportiert, 540 starben in deutschen Konzentrationslagern, allein 107 von ihnen im Arbeitslager Ladelund, keine 40 Kilometer von Wyk entfernt.

General Christiansen machte von der Möglichkeit, sein Gnadendrecht anzuwenden, keinen Gebrauch. Dies belegen Unterlagen des Niederländischen Staatlichen Instituts für Kriegsdokumente. So trägt ein Bittgesuch des beinamputierten Aleid van der Hal den handschriftlichen Vermerk Christiansens: „Jud ist Jud, ob mit oder ohne Beine." Van der Hal starb am 11. Juni 1943 im Vernichtungslager Sobibor.

Weitere Gnadengesuche versah Christiansen mit ähnlichen Zusätzen und lehnte sie ab. Die Antragsteller wurden in deutschen Konzentrationslagern umgebracht.

Ein Schriftgutachten hat Christiansen 1965 eindeutig als Urheber dieser tödlichen Randbemerkungen identifiziert ...

… Nach Christiansens Begnadigung im Jahr 1951 ließ die Wyker Stadtvertretung dessen Ehrenbürgerschaft wieder aufleben und nannte die Große Straße wieder Friedrich-Christiansen-Straße. „Christiansen hat sich durch seine Heimatliebe und Heimatverbundenheit, die sich in vielen Taten zugunsten der Föhrer auswirkte, in das Bewusstsein der hiesigen Bevölkerung eingeprägt. Danach überwiegen für uns eindeutig die Verdienste und positiven menschlichen Züge.“ …

… Erst nachdem die Grabstätte der Familie Christiansen geschändet worden war, bat diese selbst um die Änderung des Straßennamens.

„Drei Monate hat der Großvater im Gefängnis da geschmort, hat Schwein gehabt. Nachher, wie der Fiete Christansen entlassen worden ist, der war als Kriegsverbrecher verurteilt worden, hatte aber von den zehn oder zwölf Jahren, die er bekam, nur die Hälfte abgesessen, ist der immer zu Weihnachten gekommen. Da hatte der Großvater Geburtstag. Da haben die immer vormittags gesessen und Grog getrunken, am 24. Dezember.“

„Die Gastwirtschaft ist immer auf gewesen, nur an einem Tag nicht, und das war Heiligabend, weil da der Großvater Geburtstag hatte.“

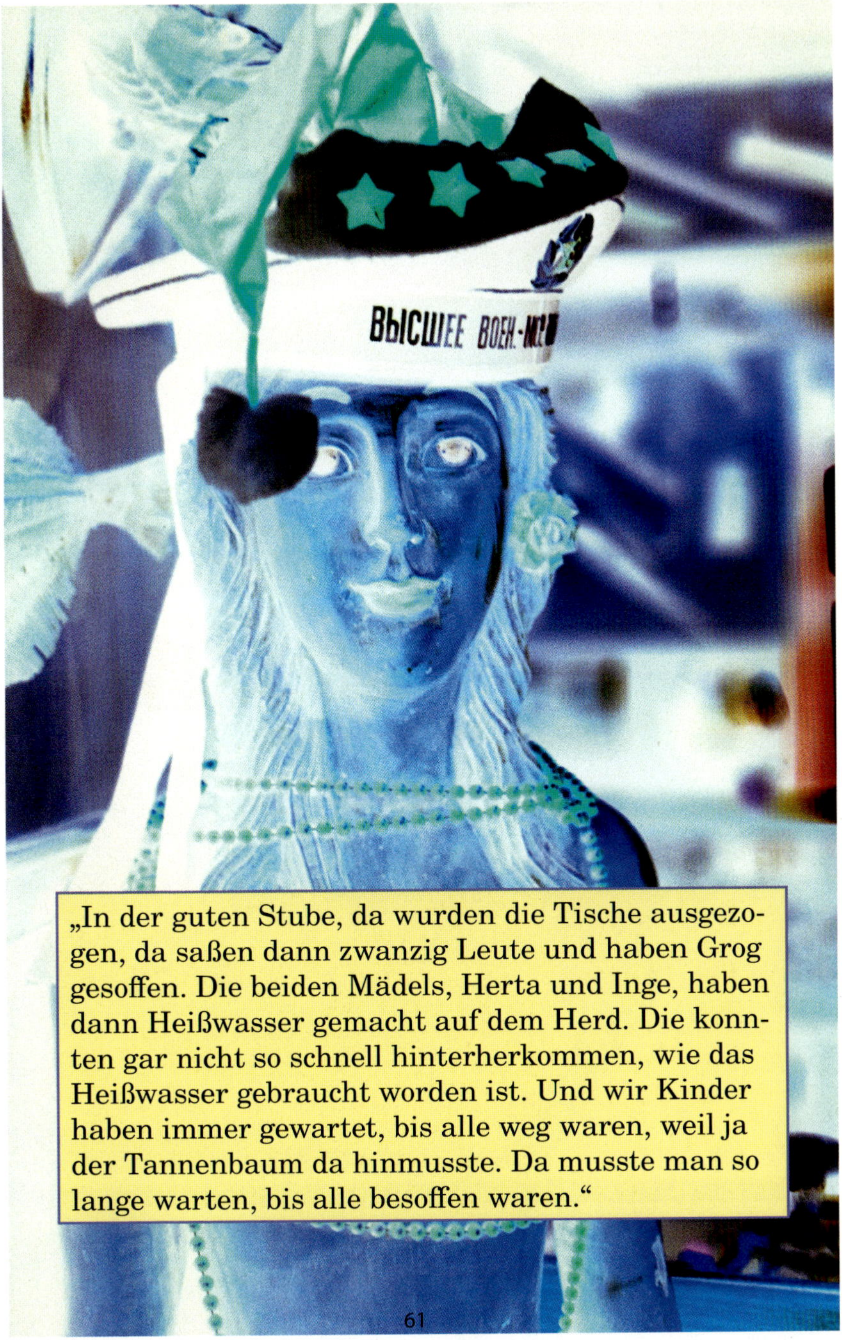

„In der guten Stube, da wurden die Tische ausgezogen, da saßen dann zwanzig Leute und haben Grog gesoffen. Die beiden Mädels, Herta und Inge, haben dann Heißwasser gemacht auf dem Herd. Die konnten gar nicht so schnell hinterherkommen, wie das Heißwasser gebraucht worden ist. Und wir Kinder haben immer gewartet, bis alle weg waren, weil ja der Tannenbaum da hinmusste. Da musste man so lange warten, bis alle besoffen waren."

Hörensagen

Im Wohnzimmer an der Wand ein fotografisches Porträt, ein Jugendbild, oval beschnitten, seine Mutter? Auf dem Boden vier kleine Boxen und ein Subwoofer. Daneben eine CD-Sammlung. Abgestorbene Pflanzen. Ein Baum neben einem Sekretär an der Ecke zum Flur. Andere Pflanzen auf dem Fensterbrett, auch tot, mit gezackten Blättern. Mehrere Stangen Marlborozigaretten und ein ausgestopfter Alligator auf einem kleinen Mahagonitisch vor einem Mahagoniglasschrank bei der Sofaecke. Im Schrank Walzähne, darauf ein Hut. Vor dem Durchgang zum Flur, gleich links neben der Türöffnung, ein Poster mit Naomi Campbell, schwarz-weiß, und den Worten: Glaube Liebe Hoffnung.

„Zur Weihnachtszeit hatten wir denn einen Adventskranz auf dem Tisch, das kannten wir ja gar nicht von Claus-Otto.“

„Er hatte sich schon monatelang auf Weihnachten gefreut und sprach davon, was er kochen würde. Die Tochter seiner ehemaligen Lebensgefährtin ist dann nachmittags aufgetaucht, hat ihm ihr Geschenk für ihn überreicht und gesagt: ‚Ich fahr zu meinem Vater aufs Festland.‘ Das hatte sie ihm vorher schon kommuniziert, aber er hatte das wohl für sich ausgeblendet, und dann sagen Stimmen, er hätte ihr das Geschenk aufs Auto geknallt. Heiligabend war er dann allein.“

„Eine Familie wollte er haben. Er war zweiundfünfzig. Die Familie kann man nicht zwingen, und man kann einer Achtzehnjährigen nicht sagen: ‚Du bist jetzt meine Tochter.‘ Das geht nicht, die hat natürlich ihren eigenen Willen und ihre eigenen Wünsche, das muss man akzeptieren. Wenn die Menschen nicht so wollten, wie er wollte, ‚hab mich lieb, dann ist gut, wenn du mich nicht lieb hast, dann bist du ein Teufel.‘“

„Ich wollte auch nicht diesen ganz engen Kontakt zu Claus-Otto, weil er sehr verpflichtend war. Wenn er einen zum Beispiel im Sommer zum Grillen einlud, das war keine Einladung, das war eine Vorladung.“

„Er hat ja nie 'ne feste Frau gehabt, immer mal 'ne Freundin zwischendurch. Der musste alleine sein, der konnte nicht mit einer zusammenleben. Das kommt davon, er brauchte unheimlich viel Liebe wahrscheinlich. Seine Mutter hatte keine Zeit, wie er so lütt war."

„Ich hab ihn trotzdem gemocht."

„Die Spürhunde haben seine Fährte bis zur Mittelbrücke aufgenommen.“

„Da war für mich klar, weil da oben sein Mount Gay stand, sein Rum, und reichlich Tabletten, dass er sich dann bei der Kälte da ins Wasser gestürzt hat. Er war ja Chemiker, eigentlich, von seinem Studium her, der wusste genau, was er tat. Ich hatte gehofft, dass es was anderes ist, aber letztlich hatte ich ganz klar den Gedanken, dass er sich das Leben genommen hat.“

An der Wand gegenüber der Sofaecke die Befestigungen für einen großen LCD-Fernseher, der schon abmontiert worden ist.

„Da sind so viele Gerüchte, ich glaub gar nichts mehr. Aber man haut doch nicht ab mit Tür und alle Fenster auf, Fernseher lief noch, und geht dann ins Wasser bei der Kälte, wenn nicht einer mit dem Ballermann dahinter steht. Wenn man freiwillig ins Wasser geht, macht man Tür zu und Fernseher aus.“

„Mein Nachfolger von meiner Ex-Frau, vierzig Millionen Euro, da ist der mit in der Karibik erwischt worden. Ein Insulaner. Der hat Glück gehabt. In Venezuela hätten sie ihn aufgehängt. Angeblich hat der immer Boote überführt. War voll Drogen. Wird gemunkelt, dass Claus-Otto das wusste und deswegen ins Wasser gehen musste. Von der Drogenmafia.“

Stumme Zeugen

„Ich kenne Claus-Otto noch, da war er so klein, kam er rein mit der Schnottnase, da war er so sieben, acht, neun. Da kam er rein, wenn wir da abends saßen sonntags, als so ein kleiner Steppke.“

„Ich weiß nur, dass er ziemlich abstehende Ohren hatte und deswegen gehänselt wurde.“

„Als Kinder durften wir hier ja mit rein. Wir hatten eine Ausnahmegenehmigung. Es ist ja normalerweise nicht üblich, dass Kinder in die Kneipe dürfen, da sitzen die Erwachsenen, hier wird geraucht, hier wird getrunken, die haben Skat gespielt, die haben geknobelt, da stören Kinder ja eigentlich nur. Aber wenn wir ganz ganz lieb waren, ganz brav, wir waren ja auch die Einzigen, die hinter die Theke laufen durften, dann haben wir eine Brause bekommen.“

„Die Gastwirtschaft selber ist ja eine Schankwirtschaft, hier gab es nichts zu essen, früher mal ein Glas mit Soleiern, das war auch das Einzige. Und wenn man was essen wollte, hinten war die Küche, dann ist Herta hingegangen mit einem und hat gesagt: ‚Komm, ich schmier dir mal ein Brot.‘“

Die Küche. Auch sie klein mit Dachschräge. Eine Küchenzeile aus auffällig dunklem Holz, übereck. Edel auf den ersten Blick. Darauf eine anscheinend neue Mikrowelle. Rechts neben der Tür ein Tisch. Alles eingestaubt und klebrig, der Boden auch. Eine Satellitenschüssel vor dem Küchenfenster. Auf dem wachstuchbedeckten Küchentisch ein großformatiges Set mit Fotomotiv von einem Sonnenblumenfeld vor Bergen unter blauem Himmel. Darauf eine Schneekugel, eher ein Zylinder, oben gewölbt. Darin, im Wasser, ein Bild, schwarz-weiß, von einer jungen Frau am Strand.

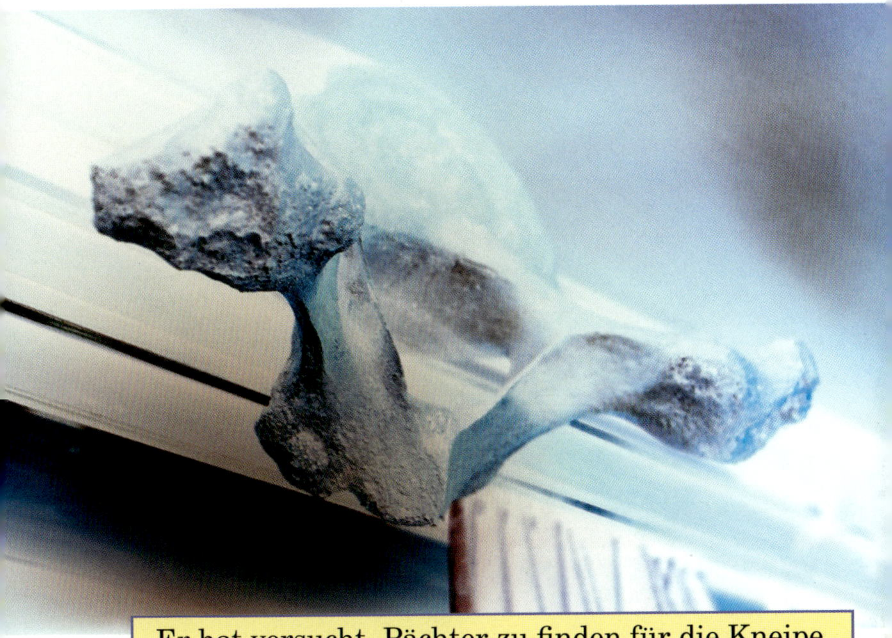

„Er hat versucht, Pächter zu finden für die Kneipe. Seine Pachtvorstellungen waren alle im Rahmen, aber er wollte horrende Abstandszahlungen für das Inventar, da spukten ihm was von 120.000 Euro im Kopf rum. Das ist natürlich eine Summe, wer kann die heute aufbringen, der eine Kneipe machen will?“

„Wo die Sachen herkommen, das weiß heute kein Mensch mehr, das hat uns auch als Kinder nicht die Bohne interessiert. Da wollten wir nichts von wissen.“

„Die Gäste, die neugierig reingekommen sind, die haben natürlich tausend Fragen gestellt. Aber die Einheimischen haben nur gesagt: ‚Das ist unsere Tapete, das sind unsere Bilder.‘“

„‚Hier kommt kein Kitsch rein‘, hat Herta immer gesagt.“

„Die Sachen sind nicht irgendwie Imitate, das ist nicht Kunststoff oder Made in China, das ist wirklich gesammelt worden. Das sind echte Masken, die man von Afrika und überall mitgebracht hat.“

„Hatte der Seemann kein Geld, hat er mit Sachen bezahlt, was er eingekauft hat im Ausland."

„Haben damals auch nicht viel verdient die Seeleute."

„Kurt, das war der Mann von Christine, die auch hier gearbeitet hat. Das war ein Kellner, der verstand sich sehr gut mit Herta und Inge. Und der hat dann, damit Herta nicht so früh arbeiten musste, von nachmittags um fünf bis um acht die Kneipe gemacht. Kamen um halb acht mal Kurgäste rein und haben ihn gefragt: ‚Können sie uns mal das erklären und das erklären, diese schöne Kneipe hier, und das erklären und das erklären?' "

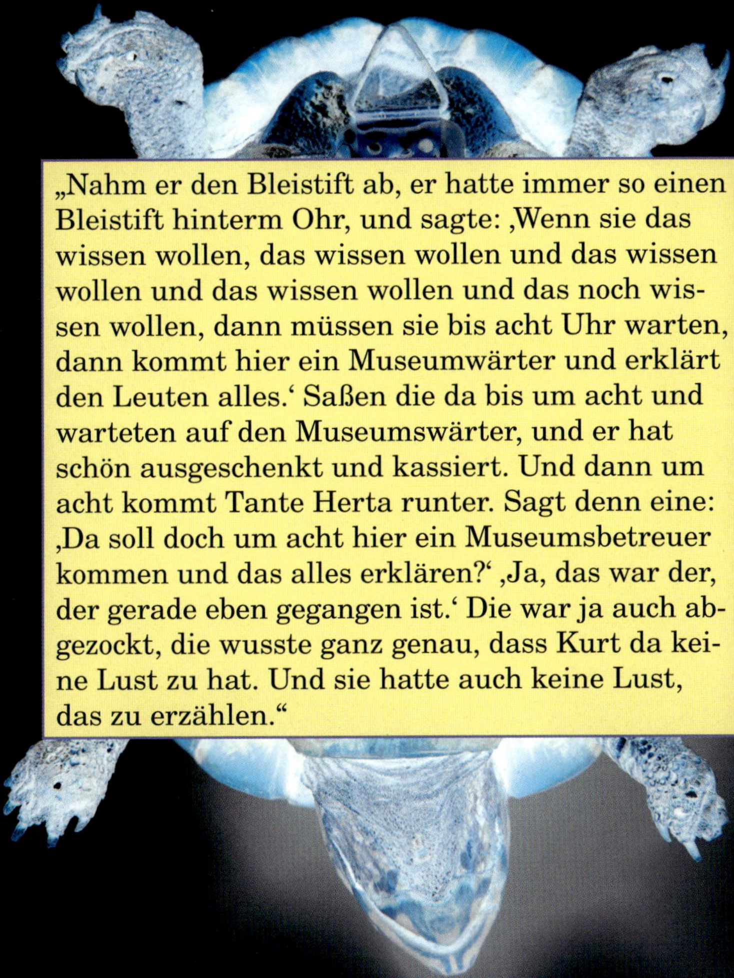

„Nahm er den Bleistift ab, er hatte immer so einen Bleistift hinterm Ohr, und sagte: ‚Wenn sie das wissen wollen, das wissen wollen und das wissen wollen und das wissen wollen und das noch wissen wollen, dann müssen sie bis acht Uhr warten, dann kommt hier ein Museumwärter und erklärt den Leuten alles.' Saßen die da bis um acht und warteten auf den Museumswärter, und er hat schön ausgeschenkt und kassiert. Und dann um acht kommt Tante Herta runter. Sagt denn eine: ‚Da soll doch um acht hier ein Museumsbetreuer kommen und das alles erklären?' ‚Ja, das war der, der gerade eben gegangen ist.' Die war ja auch abgezockt, die wusste ganz genau, dass Kurt da keine Lust zu hat. Und sie hatte auch keine Lust, das zu erzählen."

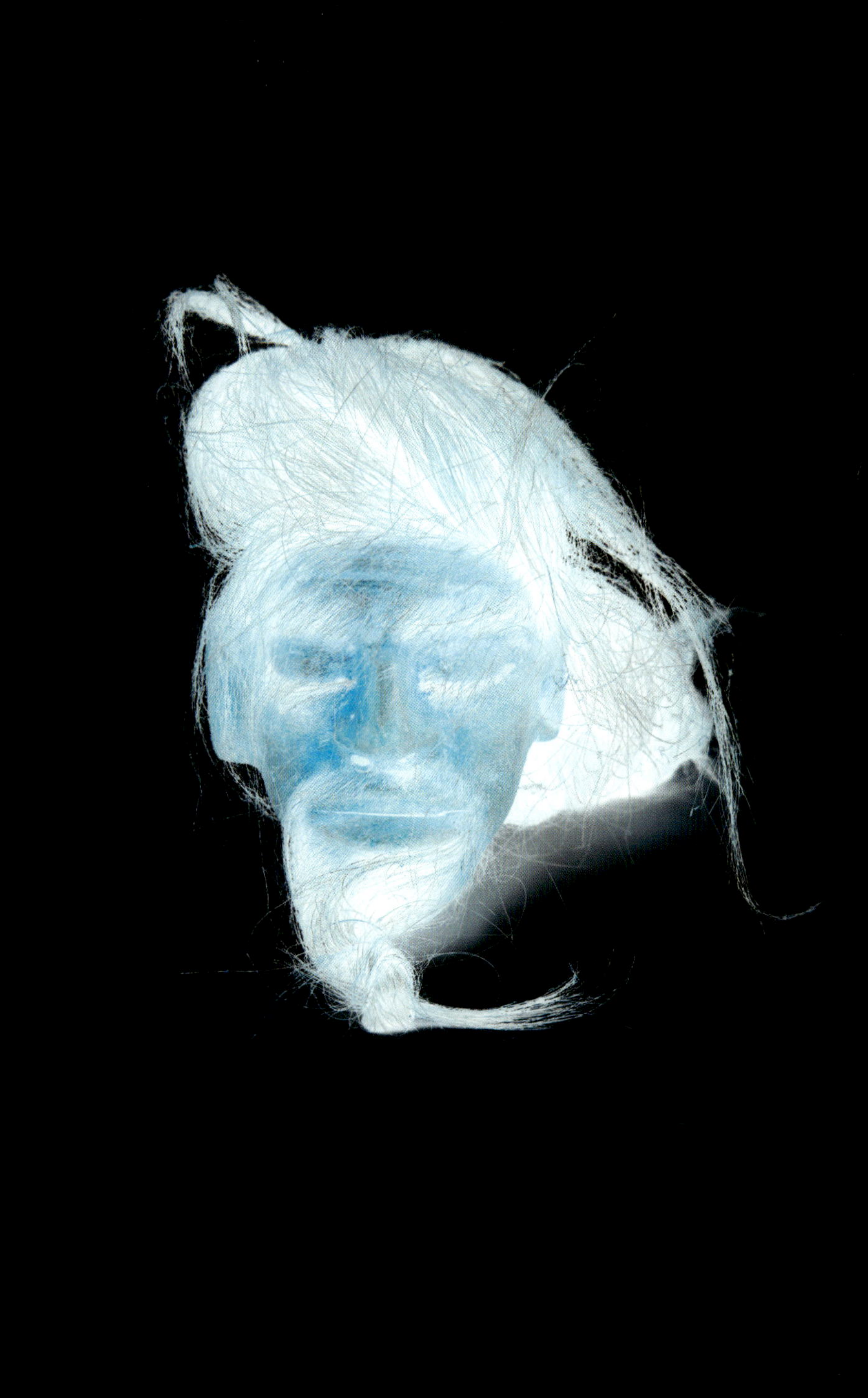

„Im Sommer 1961 saßen meine Eltern mit Freunden zum Kaffeetrinken im legendären ‚Passat-Kaffee' in Nieblum. Am Nebentisch unterhielten sich Kurgäste über die Kneipe ‚Glaube Liebe Hoffnung', in der doch tatsächlich ein echter Schrumpfkopf hing. Der Wirt habe versichert, dass ein alter Föhrer Fahrensmann diesen Kopf persönlich von einer Reise nach Afrika mitgebracht hätte und dem Wirt gegen diverse Köm und Bier überlassen habe."

„Schade an sich, dass es in Afrika niemals Schrumpfköpfe gegeben hat, sondern nur südamerikanische **** diese etwas makabre Konservierungsart pflegten."

„Mein Onkel berichtete, dass er in seiner Bar, ‚Babe City' in Frankfurt am Main, die hauptsächlich von Afroamerikanern der US-Stationierungskräfte besucht wurde, einen originalen Schrumpfkopf habe, der viel besser ins ‚Glaube Liebe Hoffnung' passen würde. Er wolle Herta und Claus diesen Kopf schenken, Bedingung sei aber, dass die beiden dieses Schmuckstück persönlich in Frankfurt abholen müssten."

„Das hat einer mitgebracht, der hat gesagt: ‚Wenn ihr das jetzt an der Wand hängen habt, will ich jedes mal, wenn ich komme, ein Bier haben.‘ Alle halbe Jahr war er da, und das erste Bier kriegte er dann immer umsonst.“

„Die kommen an Bord immer, man konnte alles an Bord kaufen, man braucht nicht an Land zu gehen, die kommen mit ihren Bigbeeren an Bord, mit ihren Sortimenten, und denn kann man aussuchen, was man haben wollte. Markt war auch, war es billiger, konnte man handeln.“

„Die habe ich auf einem Markt gekauft. In Jakarta, in Indonesien. Gott ja, aber das war auch dritter Hinterhof, da wär man als Normalsterblicher gar nicht hingekommen. Über einen Funker, der da schon seit fünfzehn Jahren fuhr, bei Hapag-Lloyd, der sagte: ‚Wenn du was kaufen willst, dann musst du dahin, da gibt es vernünftige.' Weil das ist ja auch mit dem Betrügen, mit Schwarzholz und Holz, was schwarz angemalt ist, und und und. Der hatte mich gut unter die Fuchtel genommen, dass diese Sachen nicht passierten und mich zu dem Laden geführt."

„Ich hab so ’ne afrikanische Maske, ’ne echte, die hatte der Bruder meines Urgroßvaters gesammelt. Der ist mit dem Segler überall rumgefahren, Mitte 19. Jahrhundert.“

„Da können auch mal richtige Schätze dabei sein. Die Frage ist, ob es Massenproduktion ist oder ob es noch für kultische Handlungen verwendet worden ist, ob einer das anfertigt und nur an Touris verkauft, Anfang des 20. Jahrhunderts, oder ob die im 19. Jahrhundert auf einer Südseeinsel noch rumgetanzt sind und die aufgehabt haben."

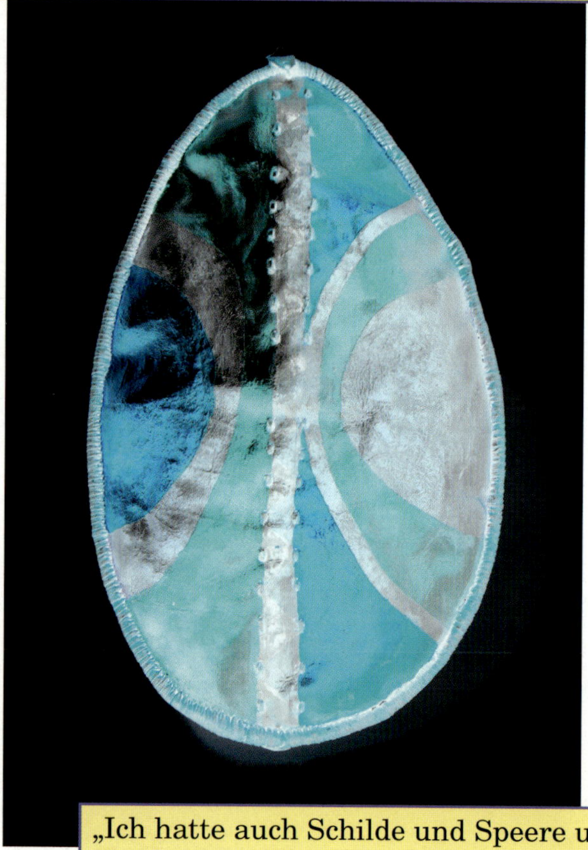

„Ich hatte auch Schilde und Speere und hab als Kind damit die Leute hier erschreckt. Das fanden die nicht so witzig. Mein Onkel, der war Kunstmaler und Antiquitätenhändler in Berlin, der hat gesehen, dass das einen Wert hat, sonst wären die auch schon verfeuert."

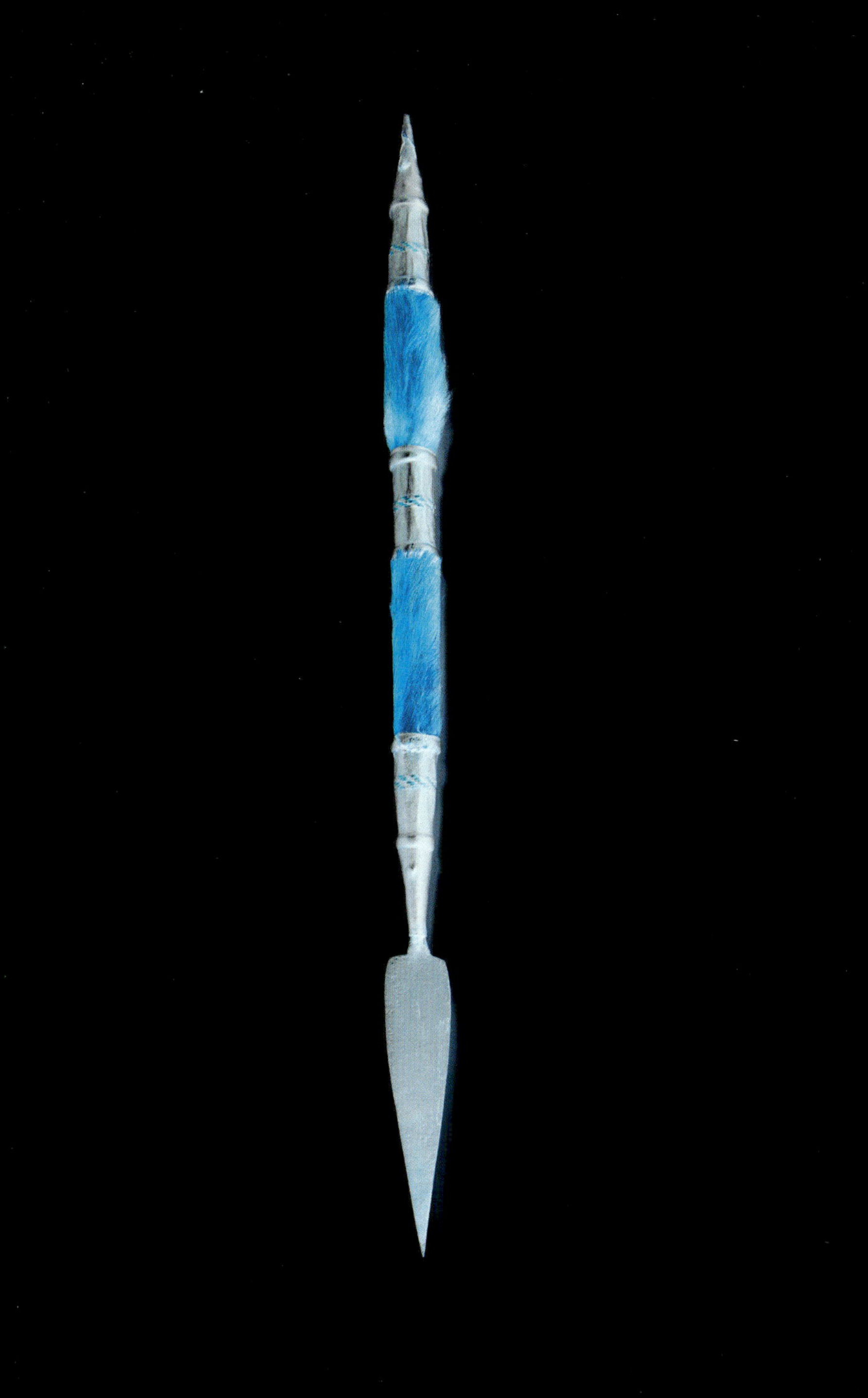

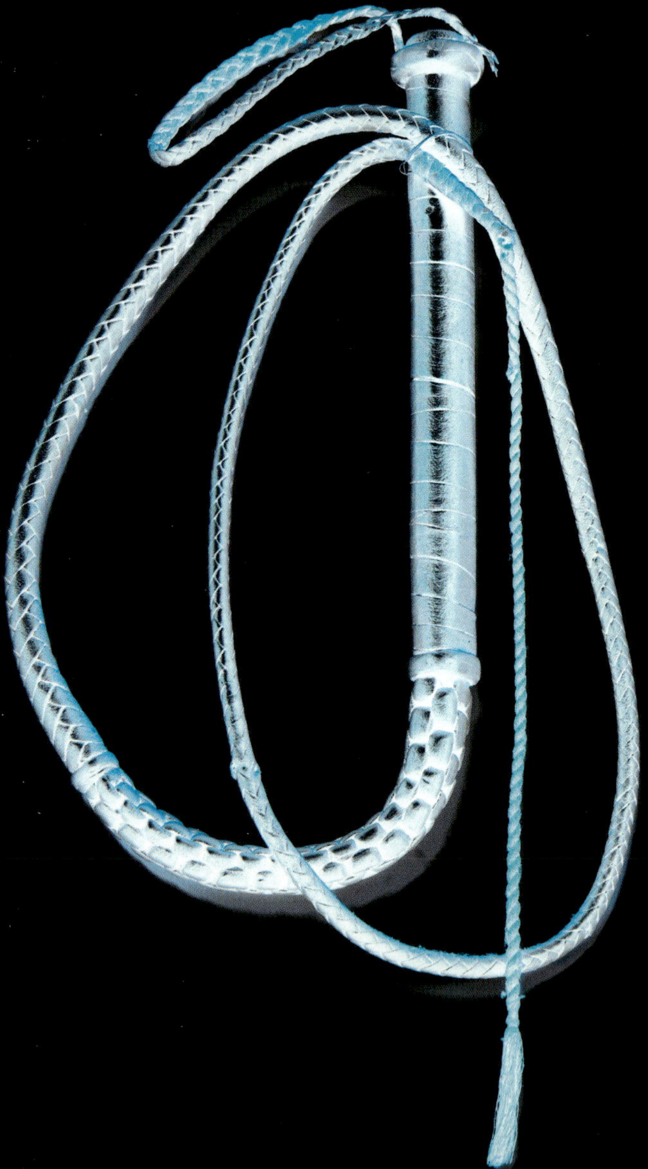

„Auf Schiffen wird immer ’ne Peitsche gebraucht vom Kapitän, wenn es nicht nicht richtig läuft. Und diese Peitsche da, da sind angeblich die **** mit geschlagen worden, weil man die reingetrieben hat als Sklaven. Ist natürlich alles Quatsch.“

„Nee, aber hier die Friesen haben auch sehr viele Sklaven verkauft. Erst mal geholt und dann verkauft nach Amerika. In Afrika, jawoll. Im 19. Jahrhundert.“

„Leo Schlageter war, soweit ich das weiß, ein Arbeiterführer im Rheinland, der den Aufstand geführt hatte gegen die Franzosen. Die Franzosen hatten ja das Rheinland besetzt. Dann ist der von den Franzosen getötet worden, und die Nazis haben ein Schulschiff nach ihm benannt. Man sieht auch noch hinten die Hakenkreuzfahne. Der Vater von Claus-Otto, der ist da drauf gefahren. Und das ist ein Bild, das ein Kamerad von Claus-Ottos Vater gemalt hat, auf See. Als der Engländer kam nach dem Krieg, da musste dieses Bild abgehangen werden wegen der Naziflagge, wegen der Hakenkreuzfahne, aber hinterher wurde es wieder aufgehängt, und da stört sich auch keiner dran.“

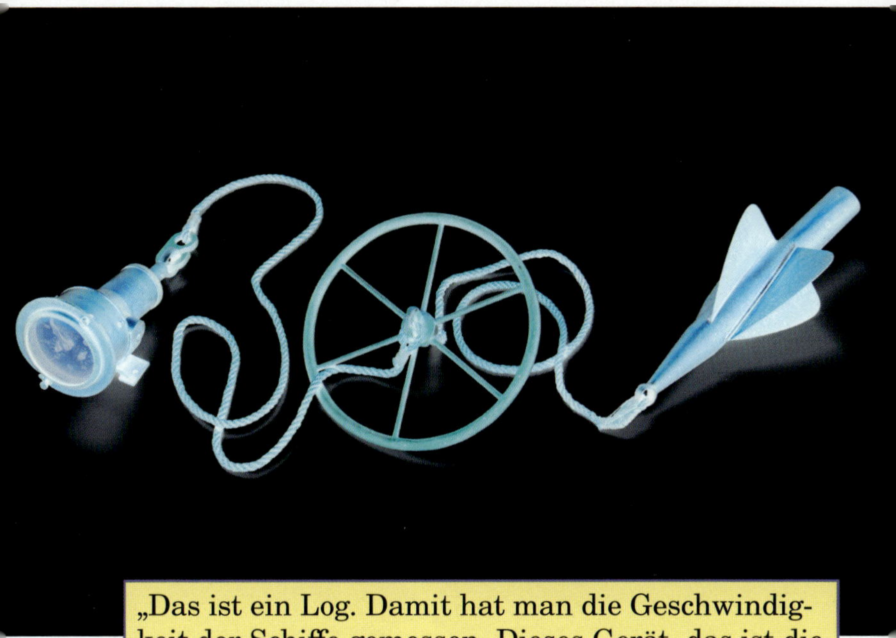

„Das ist ein Log. Damit hat man die Geschwindigkeit der Schiffe gemessen. Dieses Gerät, das ist die Uhr, die wurde an dem Schiff befestigt, und hinten ist das Schwungrad, und ganz am Ende ist diese Art Propeller. Wenn man den durchs Wasser zog, dann übertrug diese Leine mit dem Schwungrad das auf die Uhr, und dann konnte man feststellen, wie viele Knoten man durchs Wasser machte.“

„Die wurde immer geläutet, wenn jemand eine Lokalrunde ausgeben wollte. Das war einigermaßen selten. So was machen Leute eigentlich nur, wenn sie ein Kind gekriegt haben.“

„Das ist der alte Kessel, mit dem das Wasser heiß gemacht worden ist für den Teepunsch. Da war eine pottenhässliche braune Kanne drauf. Die war so was von hässlich. Und dann irgendwann, zu einem von Hertas Geburtstagen, haben mehrere sich zusammengetan und haben Herta diese dann zum Geburtstag geschenkt. Die Leute haben ja nicht nur Bier getrunken, sondern auch Teepunsch. Da wird ganz schwacher Tee gemacht und mit geelem Köm versetzt, und dann trinkt man das aus ganz kleinen Tassen. Gibt's heute gar nicht mehr: ‚Punschtrinken'. War Standard früher, aber das ist aufgegeben worden, die alten Leute sind lange tot, die das gemacht haben."

„Von Föhr einer hat die gemacht, der hat da auch immer gesessen. Tante Herta wusste jeden Namen von denen, die kannte da vielleicht noch welche von als Kind oder wat.“

„Das waren Seeleute, die draußen auf große Fahrt waren. Und wenn die nach Hause kamen, dann saßen sie am Stammtisch.“

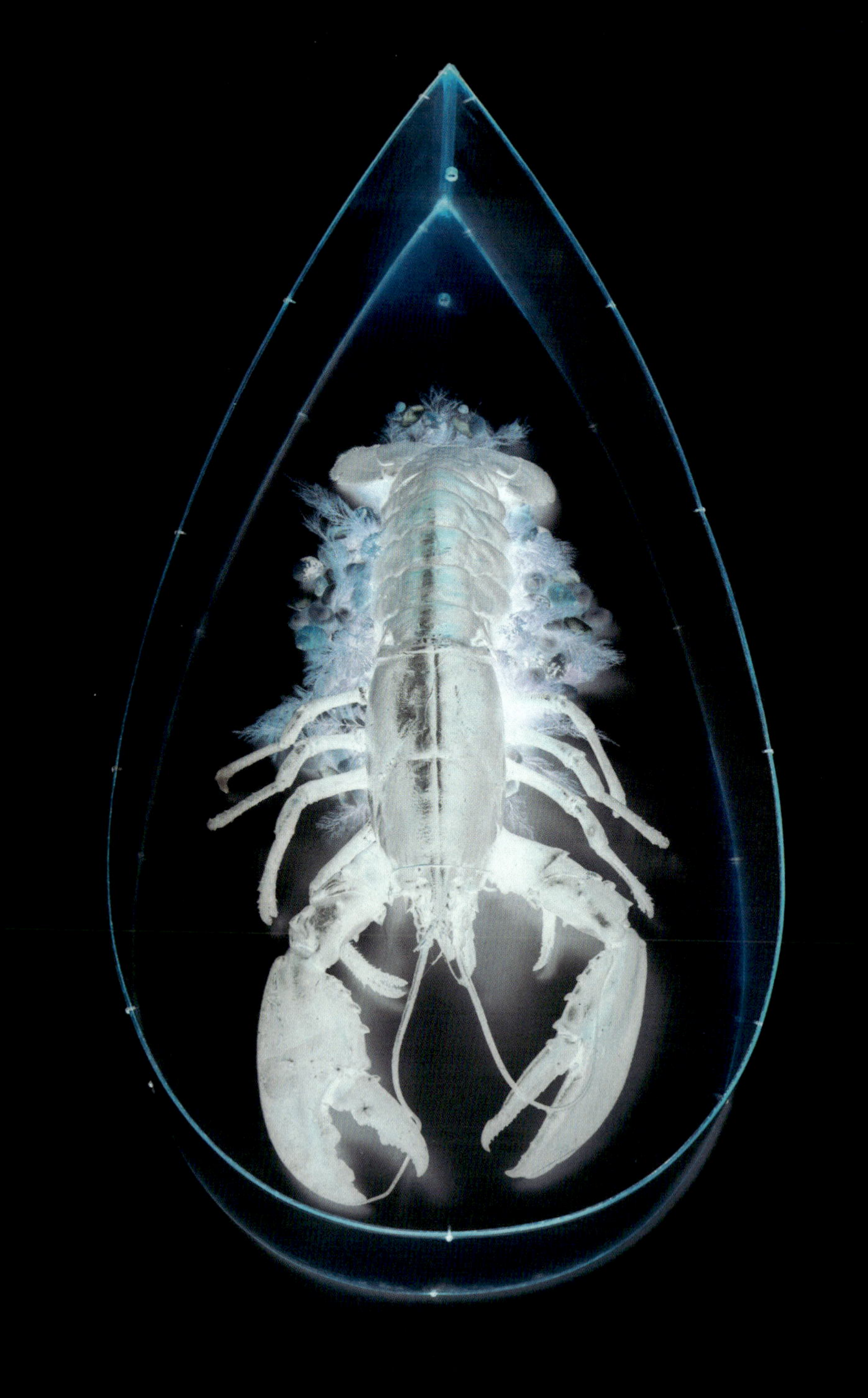

„Dat Ding da, was da jetzt unter Verschluss ist, unter dem Pariser, da hatten sie so einen Hummer: ‚Herta, kannst du einen Hummer gebrauchen? Der würd doch wunderbar ...‘, haben den abgestaubt und dann haben sie den Hummer dahin gehängt. War wunderbar. Bloß Herta wunderte sich, da waren auf einmal so viele Viecher drin. Hatten sie ihn nicht richtig ausgenommen, waren da Maden drin, und dat stank hundserbärmlich. Haben sie aber nicht weggeschmissen, dat wurde alles noch mal neu gemacht und kam so ein Pariser darüber, dass da ja keine Viecher mehr reinkommen.“

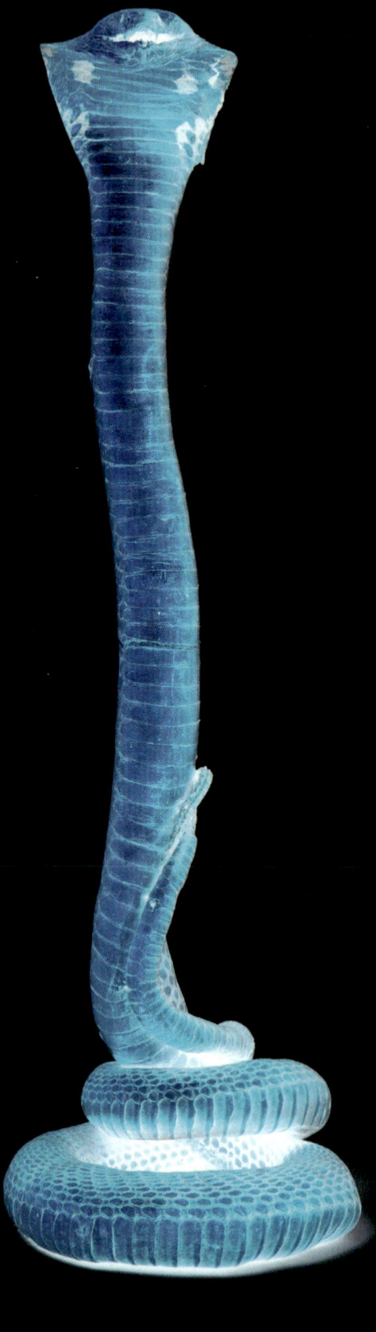

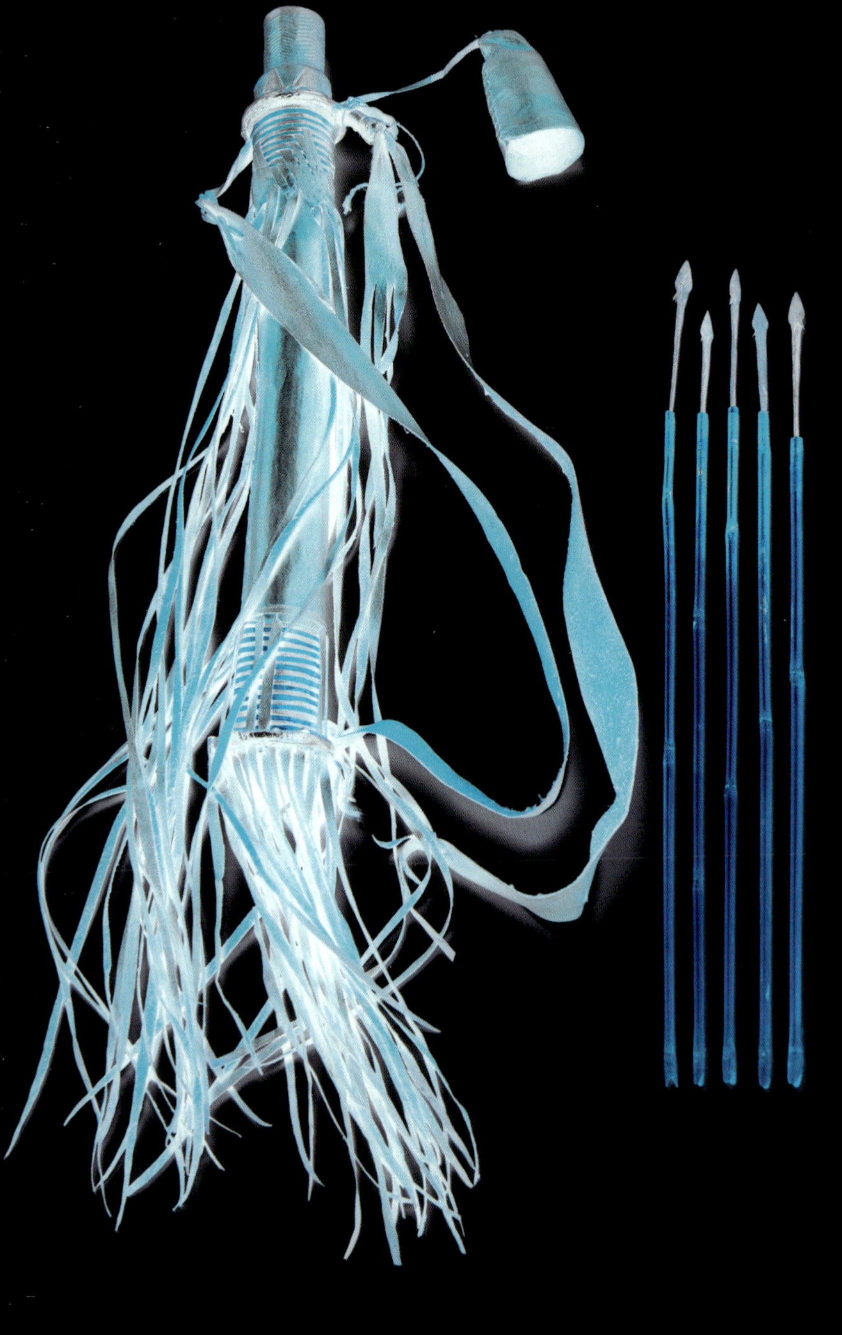

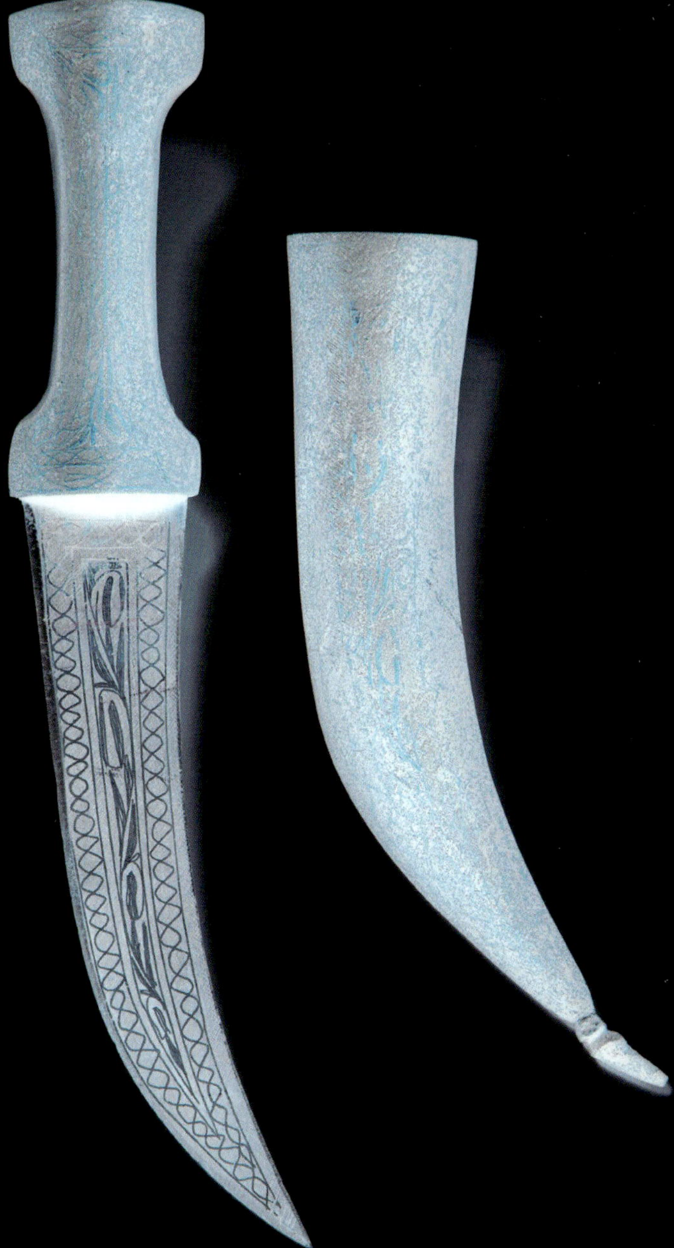

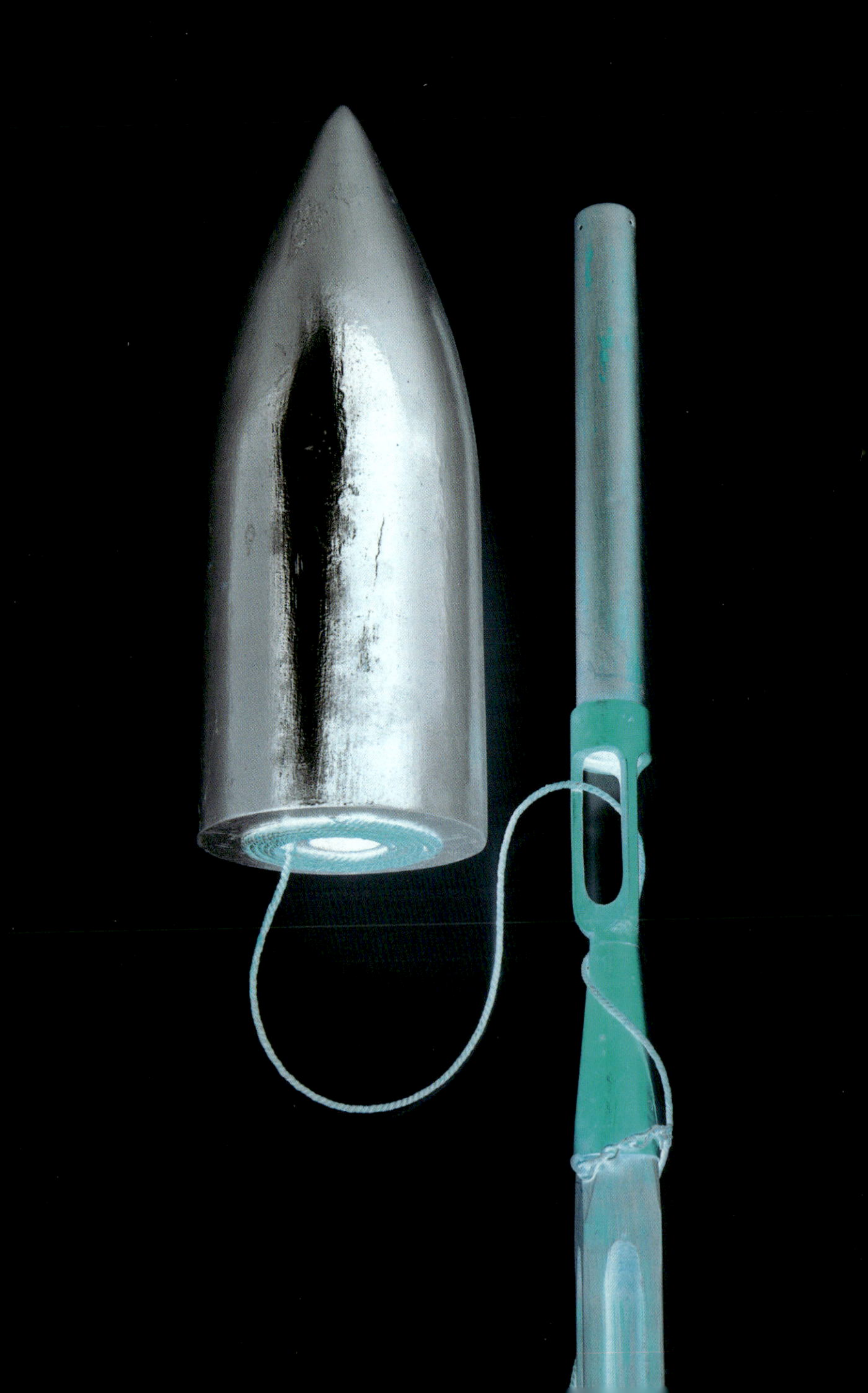

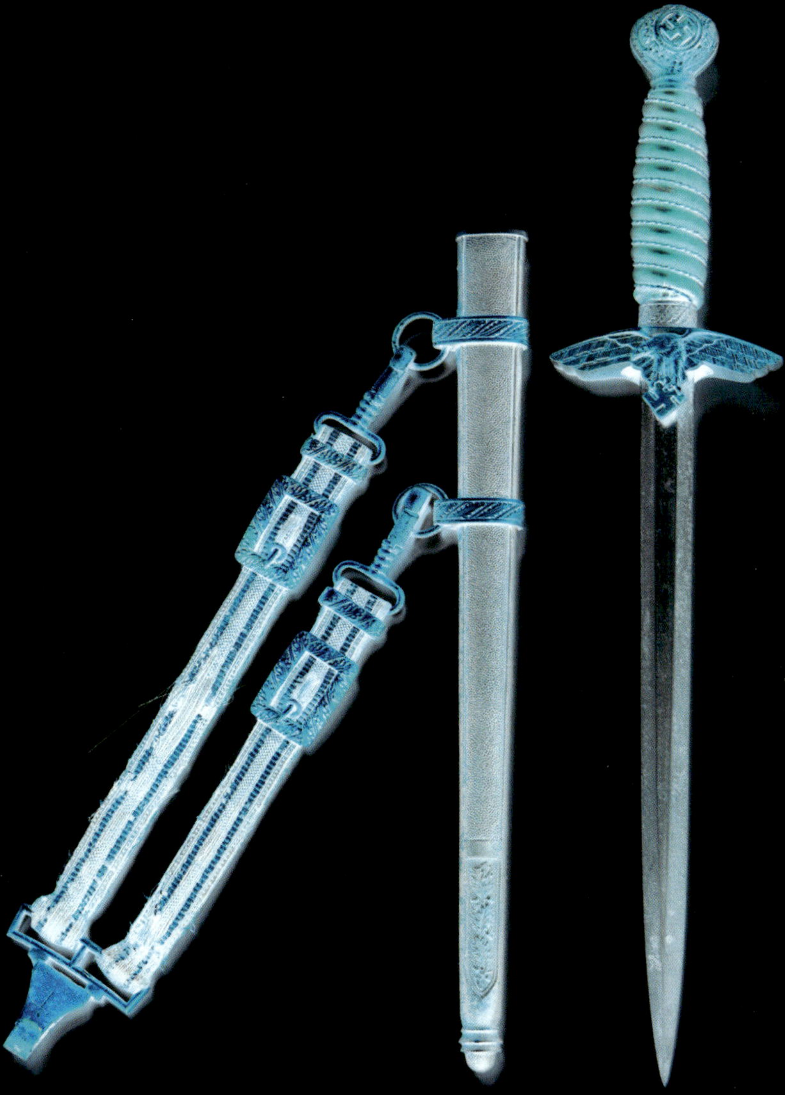

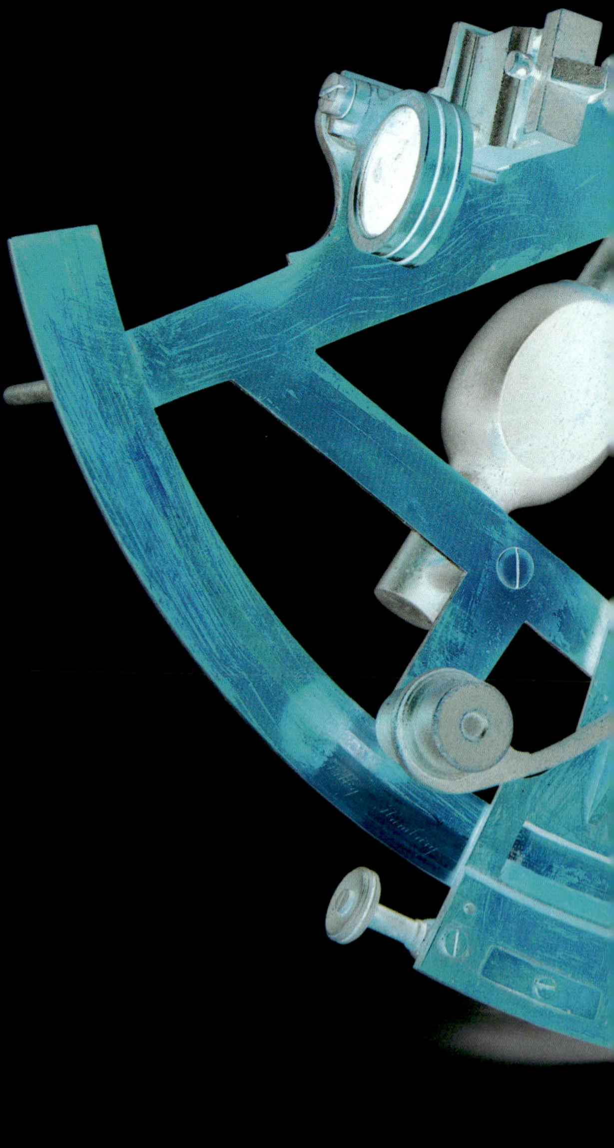

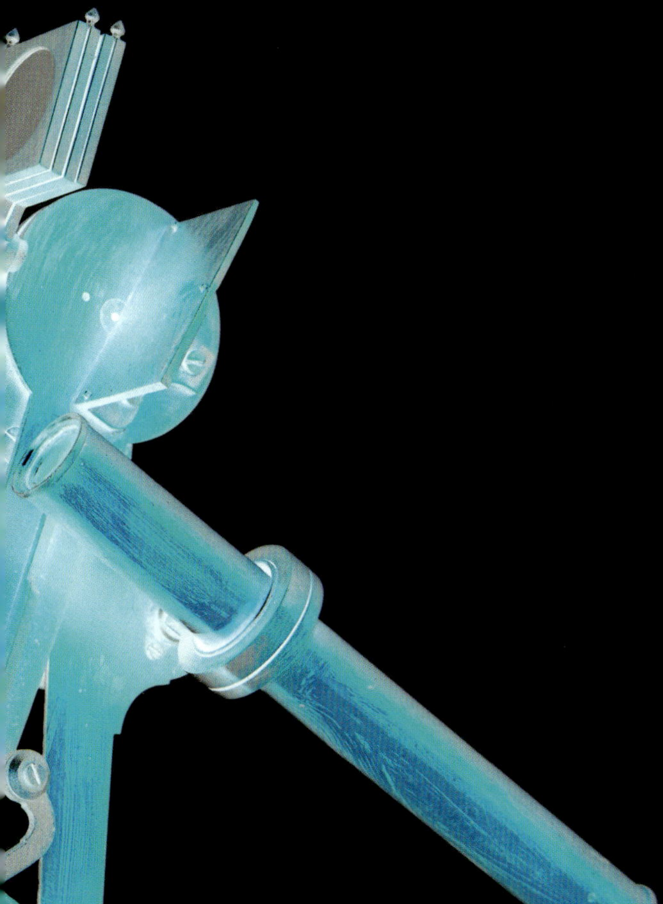

Stets allzeit gute Fahrt.
Dem Kommandanten -Kapitän z. See- Mewis - zur
Indienststellung des Segelschulschiffes
"Gorch Fock".
Lot krein de Krein:
uns Flagg blifft weihn!
Gorch Fock
Kiel, den 27. Juni 1933
Der Reichspräsident
v. Hindenburg

ЫСШЕЕ ВОЕН.- МОР. ПОЛИТ.

BALI

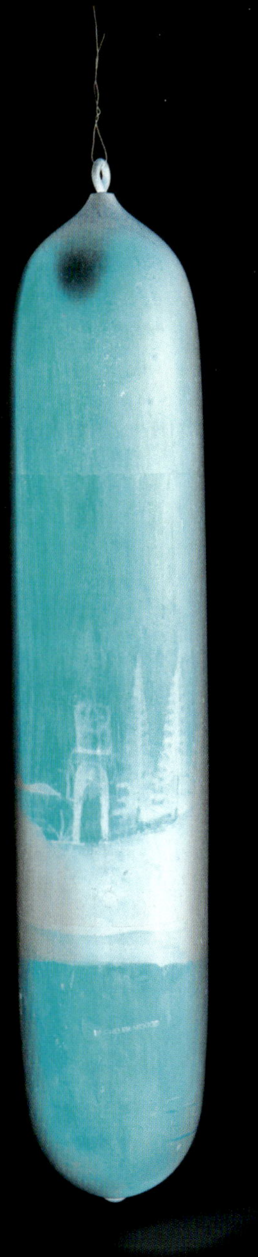

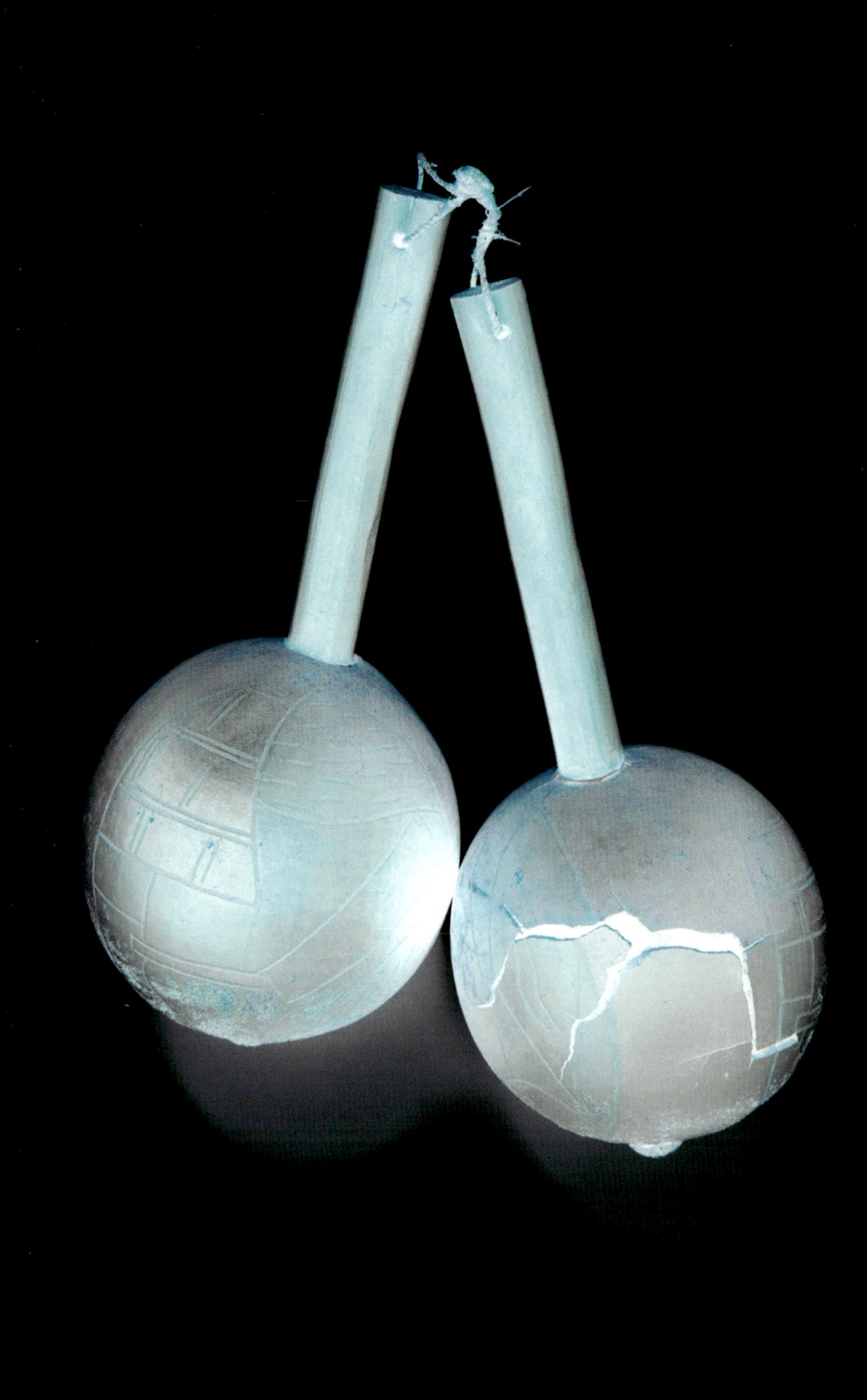

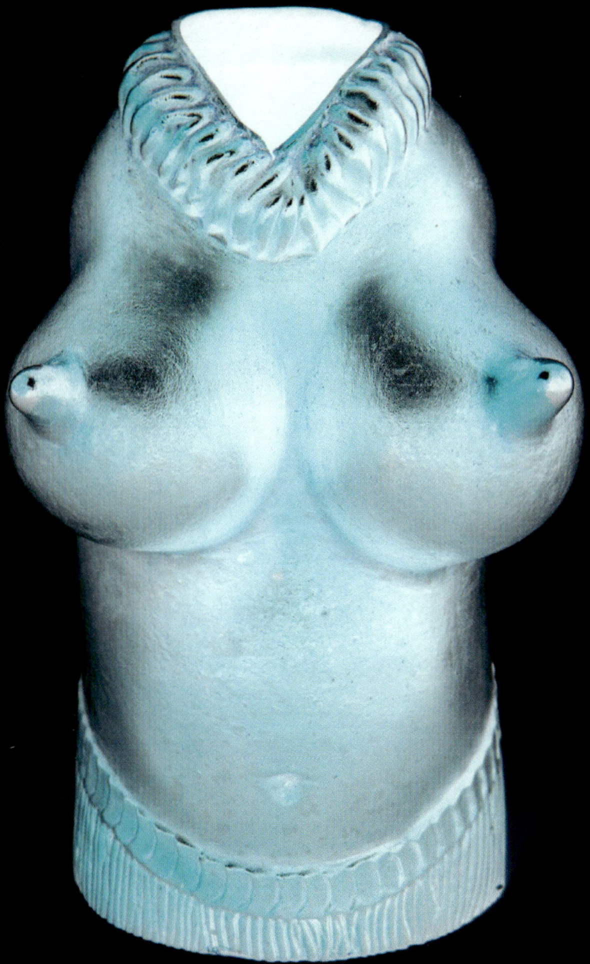

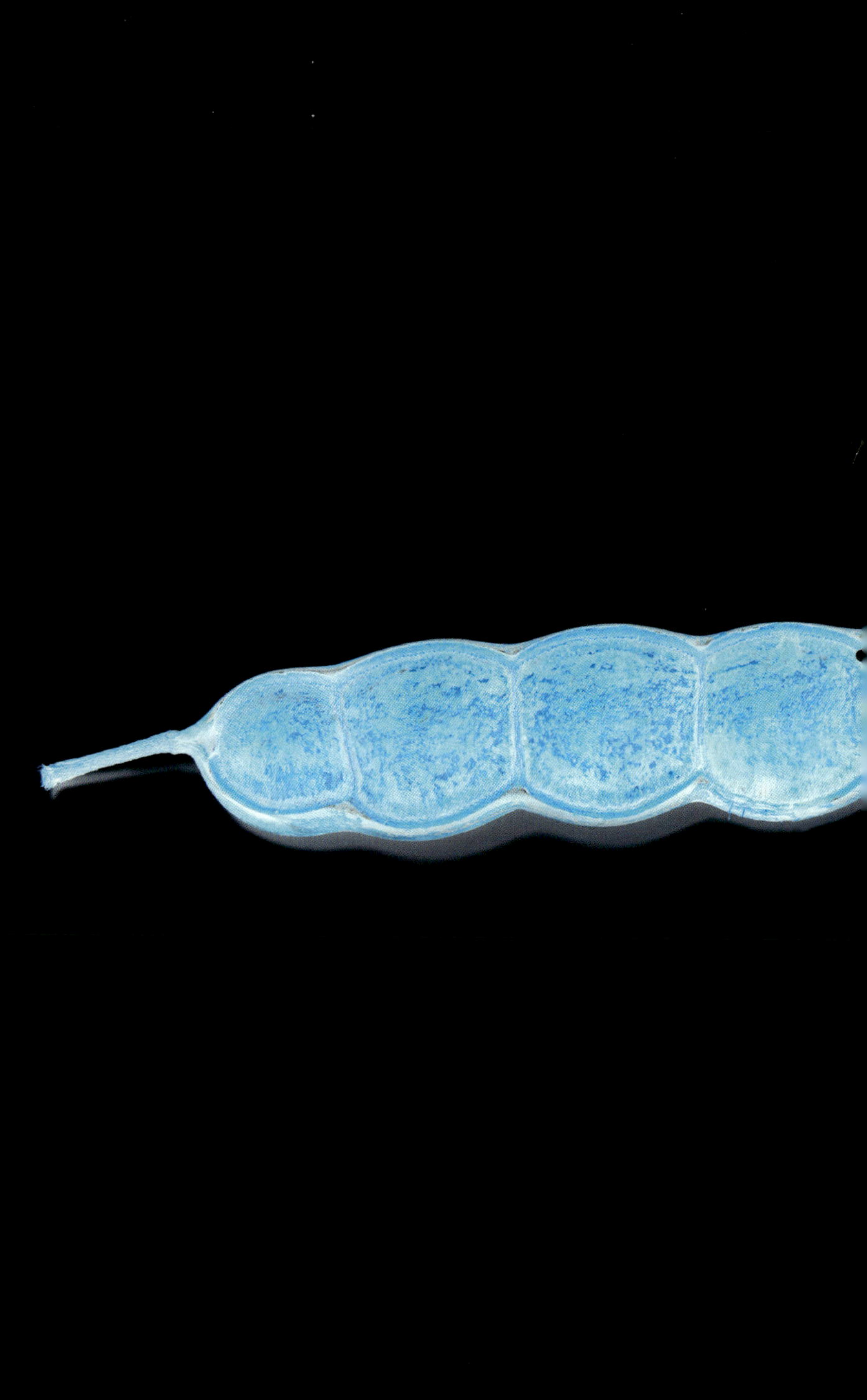

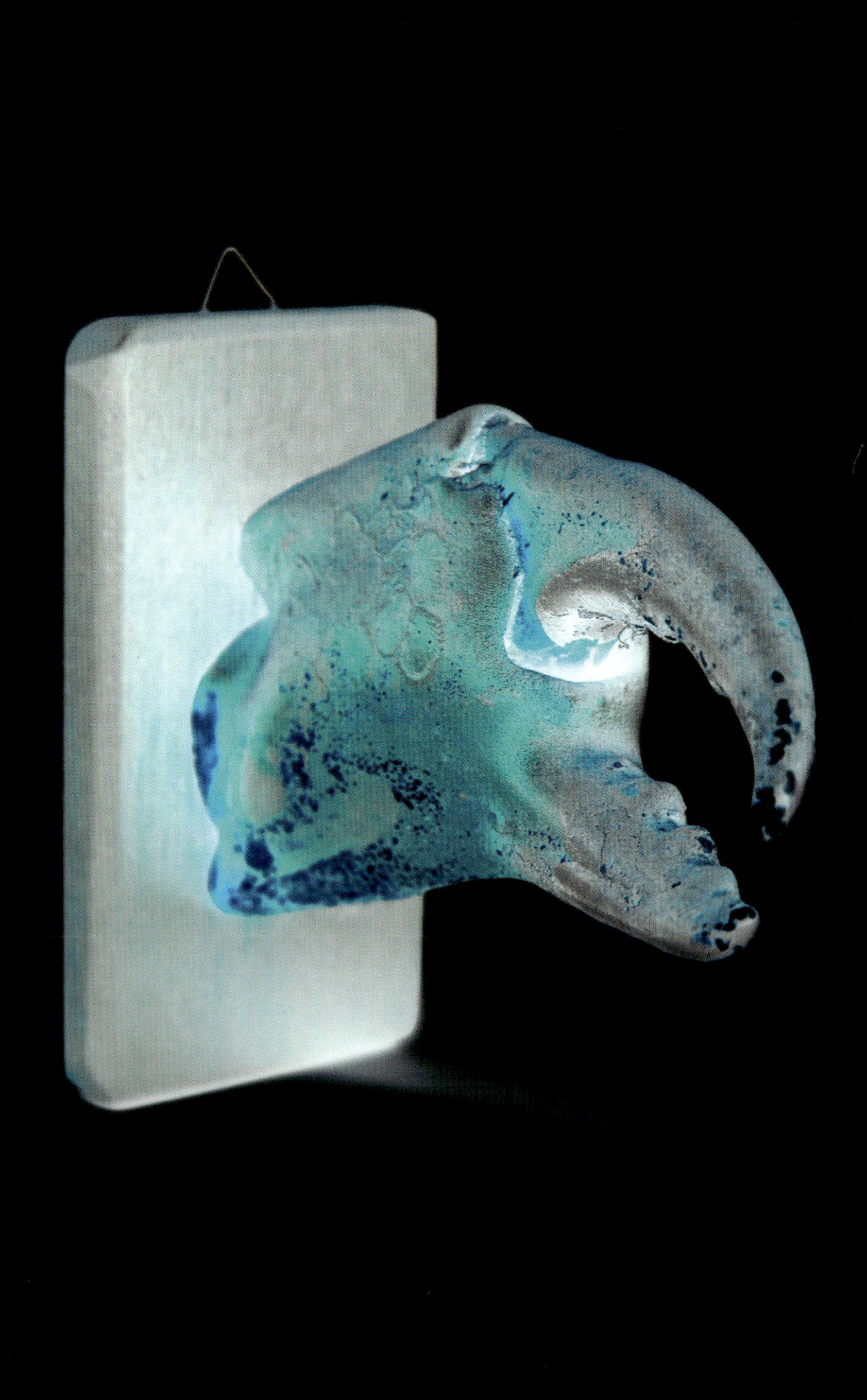

1849
THE VERONICA
My Dear Kathleen

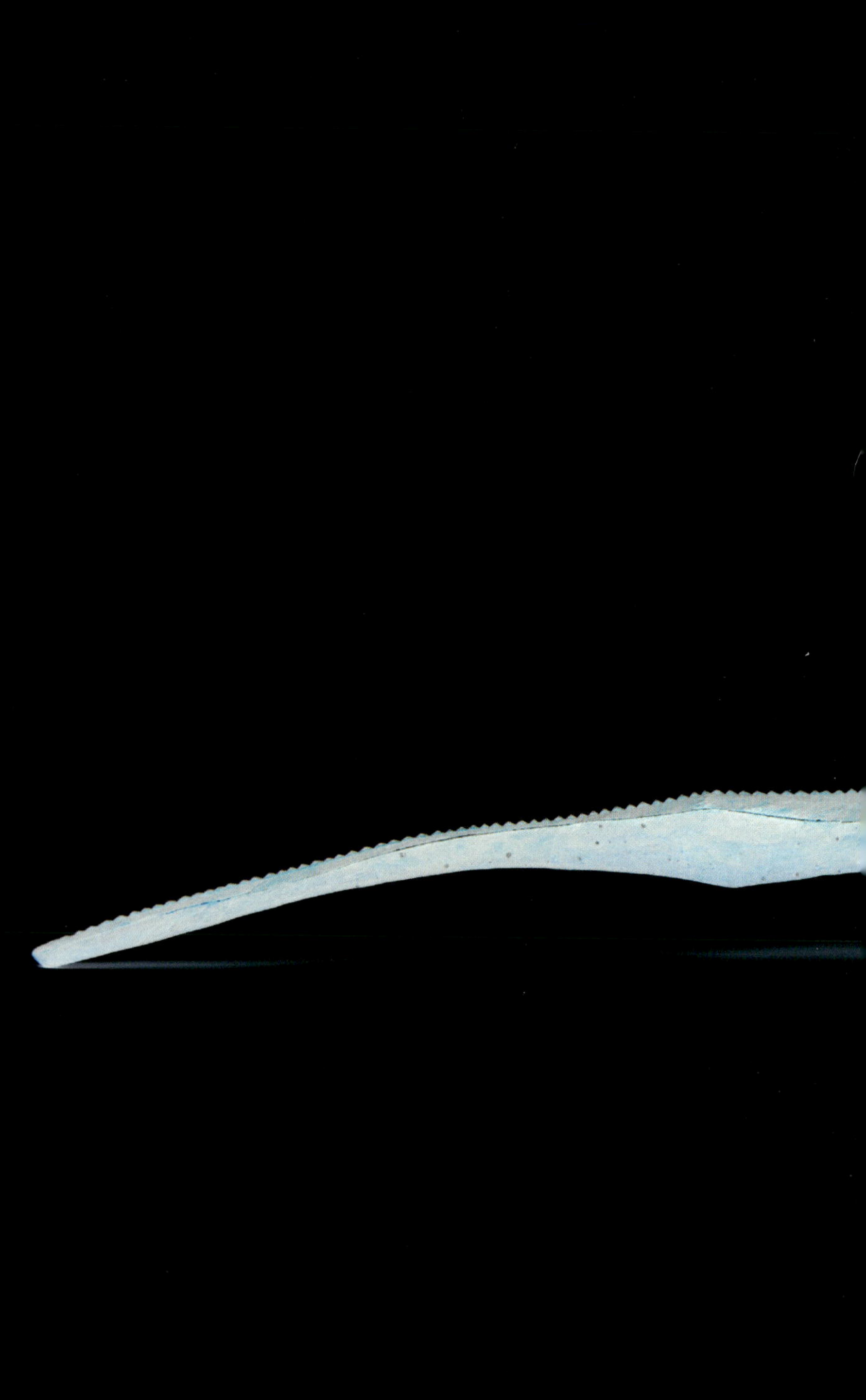

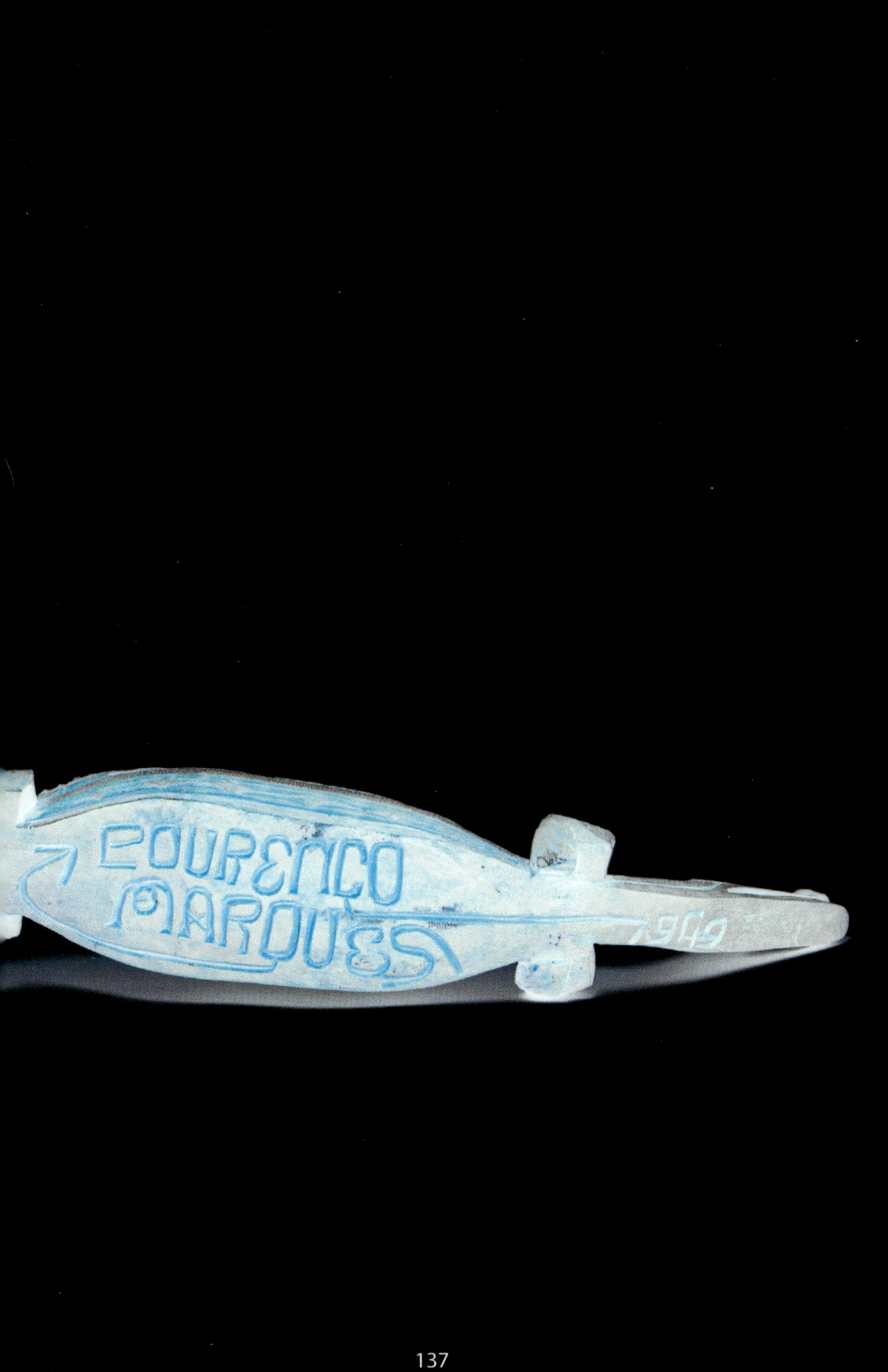
LOURENCO
MARQUES

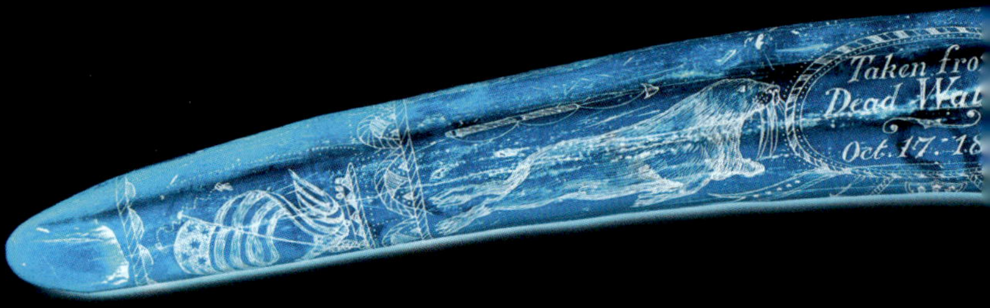
Taken fro
Dead Wat
Oct. 17. 18

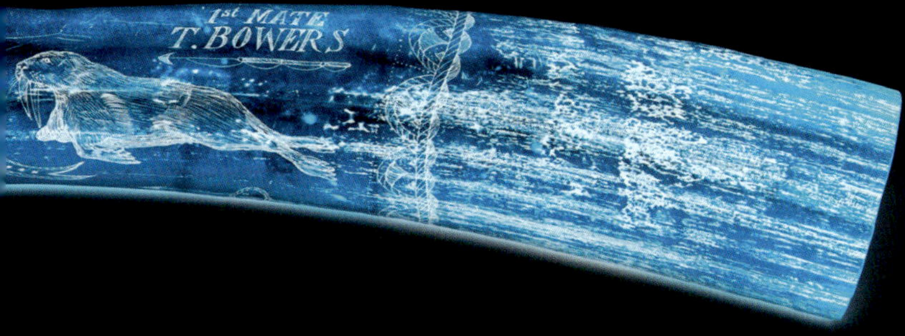
1st MATE
T. BOWERS

Abend
Feier
FLENSBURGER PILSENER
www.flens.de
Flensburger Pilsener. Das Flenst.

Glaube-Liebe-Hoffnung

- *Seefahrt ist Not* -

Wal Familie

Herzlich Willkommen!

Wir freuen uns,
Sie in unserem Lokal zu
begrüßen!

„Mit Freude hat er das nicht gemacht, das hat man ihm angemerkt. Das war mehr Pflichterfüllung.“

„Diese Atmosphäre war weg. Claus-Otto, der konnte das nicht, der war kein Gastwirt, und diese Runden, die da am Tresen festsaßen, man konnte eigentlich jeden Abend sagen, wie viel Geld man verdient, allein von diesen Typen, die da ständiges Publikum waren, die brökelten immer weiter auseinander, diese Gruppe wurde immer kleiner.“

„Claus-Otto war einsam eigentlich. Er hatte im Prinzip keine richtigen Freunde oder jemand, mit dem er ein Privatleben aufbauen konnte. Der machte abends um sechs auf hier und wartete, dass die Leute kamen. So tagsüber im Sommer vielleicht mal auf dem Golfplatz, das war's aber auch dann.“

„Er hatte seine Affekte nicht so unter Kontrolle wie das andere Golfer erwarten, und es gab manchmal sehr spannungsvolle Situationen, wenn beispielsweise ein Golfturnier war, und er sehr impulsiv während des Spiels seine eigenen Schläge kommentierte.“

„Ich denke mal, dass es auch nicht mehr so richtig, ich sag mal, finanziell der Bringer war. Er hat keine Armut gelitten, aber es war auch nicht so, wie es früher war. Wenn man Vertreter von der Flensburger Brauerei hört, dann sind hier früher in der Woche dreißig Fass durchgegangen."

„Mit Touristen haben wir uns immer so ein bisschen lustig gemacht, wenn die gefragt haben: ‚Wo kommen denn die ganzen Dinger da her?' ‚Ja, Herta war zweimal verheiratet, zuerst mit einem Matrosen, hier aus der Gegend, da kommen die ganzen Fische her, und danach mit einem ****, da kommen die ganzen anderen Sachen her.' Das haben die alle geglaubt, waren immer ganz begeistert."

„Claus, der Vater von Claus-Otto, das war so ein Großer, der hatte Hände wie Toilettendeckel, der war Margarinevertreter. Aber den mochten sie nicht. Der hat so sein Geschäft gemacht, aber der war nie als Wirt in der Kneipe, ganz selten, der konnte das nicht, das war kein Typ für Kneipe. Aber er hat diese Sammlung fortgesetzt, hat gesagt: ‚Hör mal zu, bring mal was mit, einen Seestern oder irgendetwas.'"

„Claus-Otto ist ja auch ein kleiner Bastler gewesen. Die Fische hat er teilweise selber präpariert. Hat er von seinem Vater noch gelernt.“

„Mir hat er mal erzählt, dass er als Kind mit seinem Vater nach Hamburg gefahren ist, und dann haben die sich da Souvenirs gekauft, und er sagte: ‚Der Alte, der wusste genau Bescheid, ob was echt war oder nur so ein …, dem konnte man nichts unterjubeln.‘ Und Claus-Otto wusste das auch ganz genau.“

„Da waren mal zwei Ehepaare, ältere schon, die kommen da rein, und dann hängt da einer seine Jacke über eine Maske.“

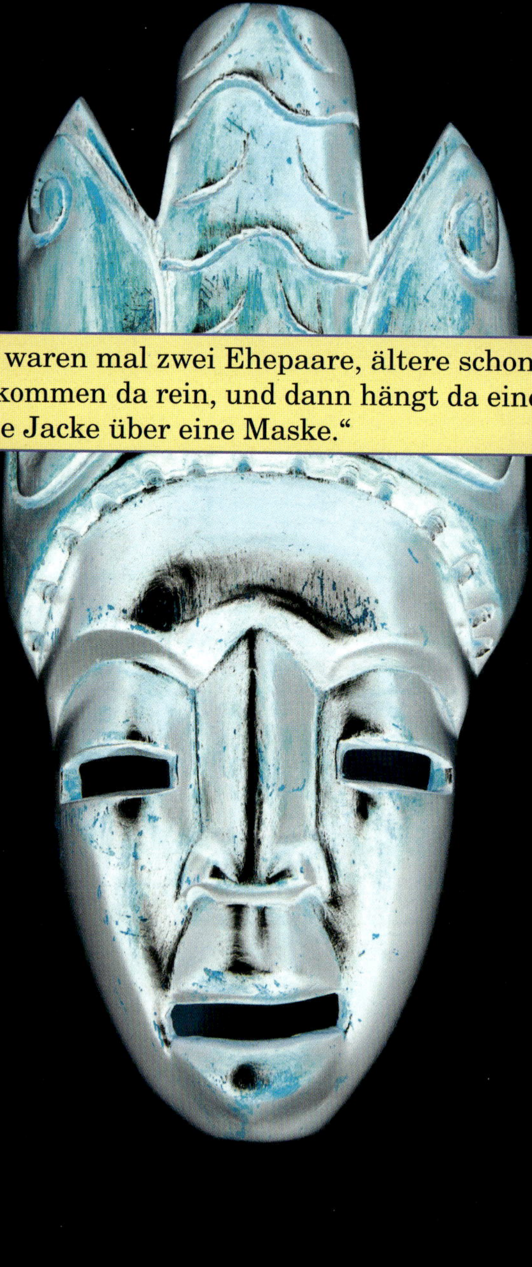

„Das dauerte nicht lang, ruckzuck waren beide Pärchen wieder draußen, da hat Claus-Otto gesagt: ‚Wir haben eine Garderobe!‘“

„Der Vater von Claus-Otto hat dafür gesorgt, dass die Leute da reinkamen, hat mehr Reklame gemacht wie Tante Herta. Insofern war er vielleicht ein bisschen mehr Geschäftsmann. Aber nur in der Beziehung, sonst nicht, in der Arbeit nicht, auch nicht im Wesen und nix. Seine Margarine hat er verkauft, aber auch nur, weil die gebraucht wurde. Und die Margarine hat nicht er getragen, die hat sie getragen."

„Damals war die Kneipe noch in Omas Hand, und Tante Herta und ihr Mann Claus, die hatten eine Margarine-Vertretung hier."

„Zu der Zeit, wie sie nichts verdient hatten, sind Wyker, die Beziehungen hatten, von Hamburg aus losgefahren zum Walfischfang. Für Onassis. Der hatte eine große Walfangflotte.“

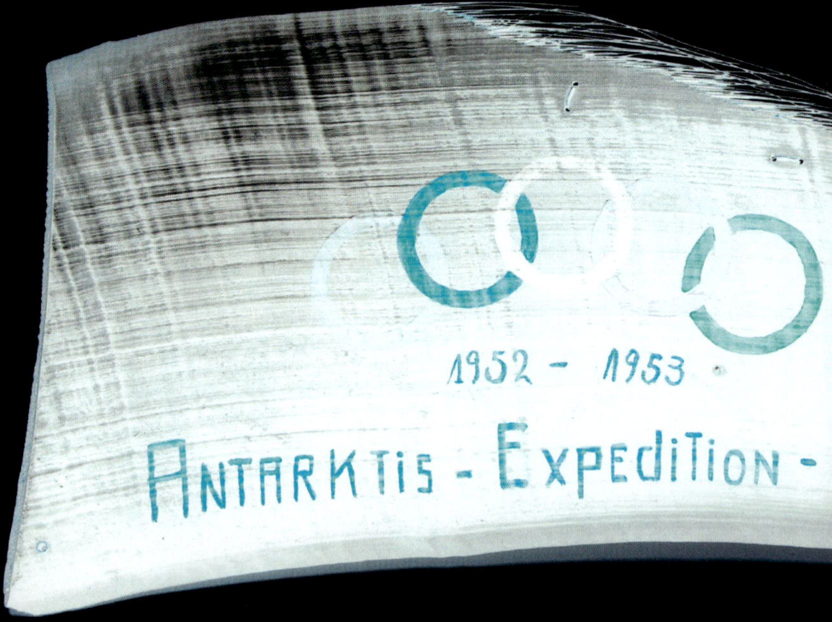

„Die verdienten sehr, sehr gut. Der letzte, der auf Walfang war, war Otto Nebel. Der hat hier gleich hinterm Deich gewohnt. Von dem Geld, das er dabei verdient hat, hat er sich einen Fischkutter gekauft, den hat er aber versoffen und hat nachher nur noch gesoffen. Aber er konnte den Badegästen schöne Geschichten erzählen, hat denen ordentlich was untergejubelt. Die wahre Wonne, da nur am Tresen zu stehen und zuzuhören."

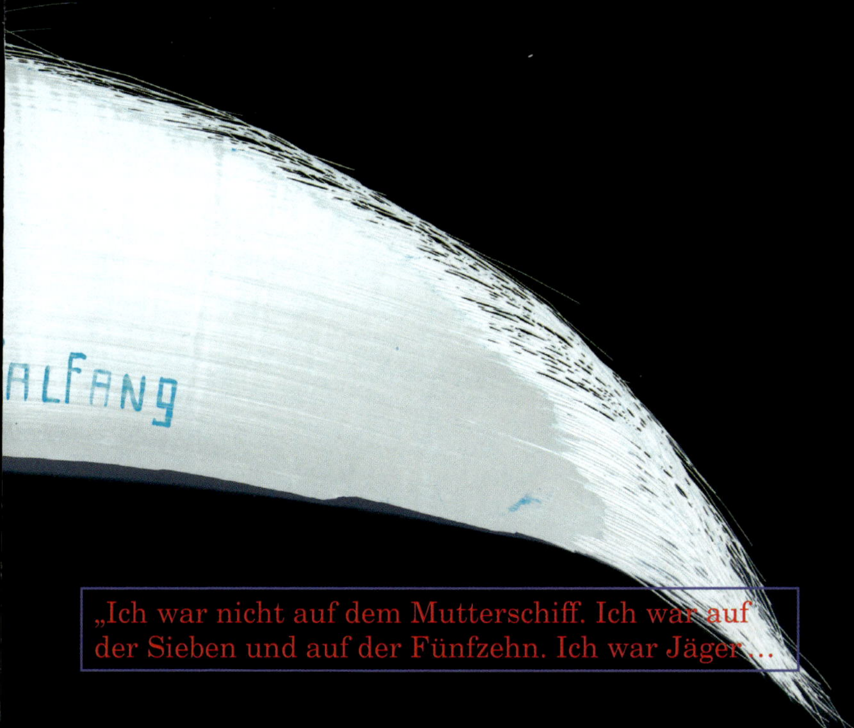

„Ich war nicht auf dem Mutterschiff. Ich war auf der Sieben und auf der Fünfzehn. Ich war Jäger …

Schütze vor dem Abschuß.

1950-51

… Wir hatten gute Schützen, alles Norweger, die machten nur den Hahn krumm, und denn war für die Feierabend. Die Wale, da sehen sie immer die Blasen. Die Harpunen hatten einen Aufschlagzünder, der trifft und explodiert im Wal. Und dann haut der Wal erst mal ab mit der Leine und wir mit dem Boot hinterher. Erst kam 200 Meter Nylonseil und denn wird das immer dicker, Manilatau. Das sind Tausende Meter, die der wegschleppt. Und dann ist es die Kunst des Schützen, den Wal so zu lenken, dass er schwer zu arbeiten hat, nicht einfach hinterher, sondern kurvisch, dass er die Leine in der Kurve mitschleppen muss, denn das ist eine Menge Arbeit für den Wal. Dann wird er langsam rangehievt, und wenn wir ihn vor dem Steven hatten, kam ein großer Luftspieß von oben runter, und denn wurde er aufgepumpt mit Luft. Das tötet den Wal an und für sich erst richtig. Das ist, damit er schwimmt. Dann kommt eine Flagge rein mit Nummer vom Boot und elektrische Lampe, damit sie ihn abends wiederfinden …

… Es gibt an sich nur drei Walsorten, Blauwal, Finnwal und der Buckelwal, Knödelwal haben wir den genannt, der so Flunken hat, wo er mit rumwirtschaftet. Vom Pottwal wird nur der Kopf verarbeitet, für die Medizin. Da sitzt das hauptsächliche Öl und Fett drin. Der Pottwal geht auf tausend Meter Tiefe runter und fängt sich die großen Tintenfische. Das ist der einzige Wal, der Zähne hat. Die sind wie Elfenbein …

Fangboot schleppt Wale zum Mutterschiff

ympic Challenger" 1950 - 51.

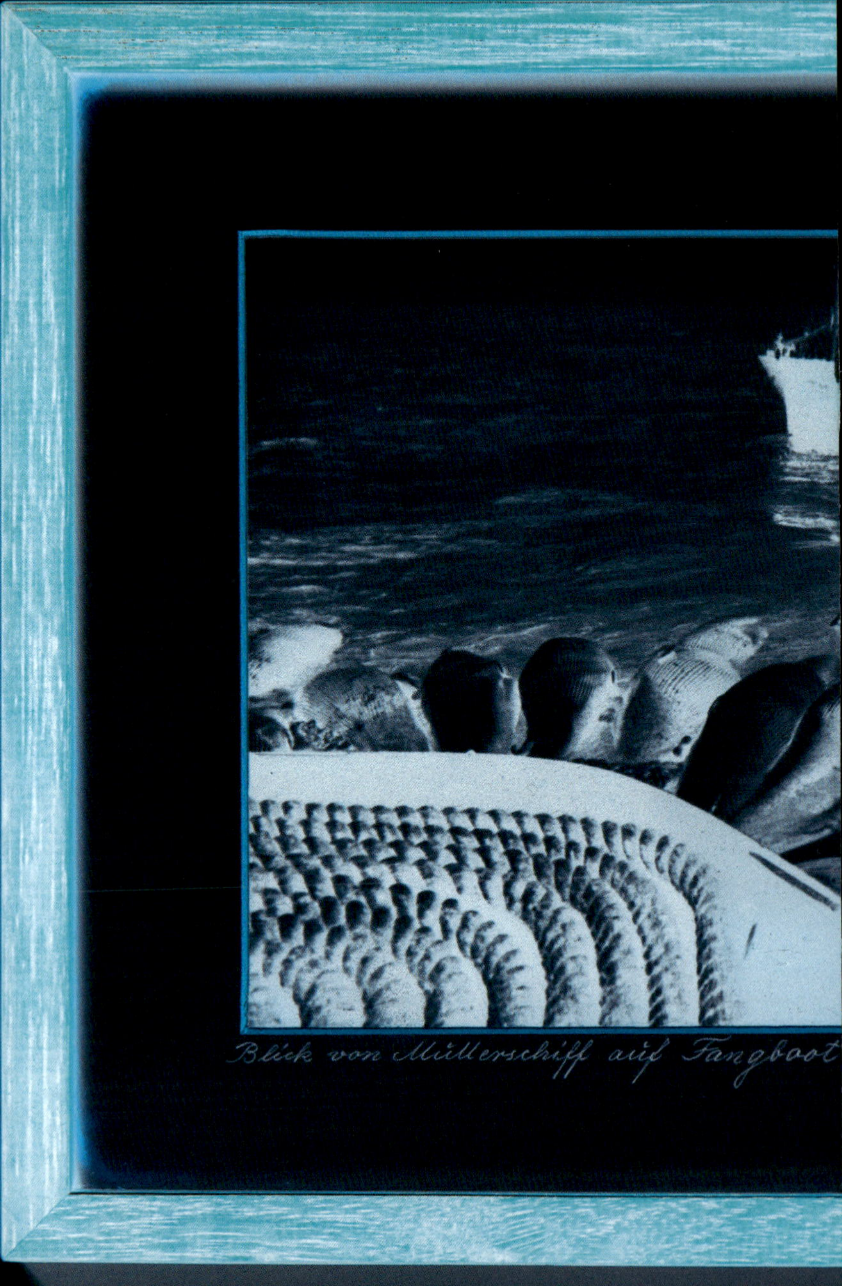

Blick von Müllerschiff auf Fangboot

angelieferte Wale. 1950-51.

… Ist doch mein Geld. Wer guckt danach, dass es beeindruckende Lebewesen sind? Nein, das war ja unser Beruf. Wir waren Seemann und sind Handelsschiffe gefahren, und diese Zeit waren wir bei Onassis als Walfänger angestellt. Und wir kriegten für jeden Wal, der geschossen wird, erst mal Schwanzgeld. Matrose so viel, zweiter Offizier so viel, erster Offizier so viel und den größten Batzen nimmt natürlich der Kommandant, das ist ein Norweger. So sieht's aus. Uns ging es doch vor allem darum, wie viele Wale haben wir geschossen, und was ausgekocht wird an Öl. Wir kriegten denn nachher prozentual pro Tonne so und so viel. Und das war nicht wenig, wir haben gut verdient beim Walfang …

… So ein großer Blauwal bis hundert Fuß, der wiegt über hundert Tonnen. Man kann rechnen, pro Fuß eine Tonne. Wenn so und so viel Wale geschlachtet und verarbeitet sind, dann fährt ein großer Tanker runter, 30.000 Tonnen, und der kommt denn und holt sich das Öl. 30.000 Tonnen, das sind diverse Wale. Das Öl muss ja erst mal da sein und dementsprechend die Wale ausgekocht. Wenn nicht viele Wale da sind, dann wird alles gekocht, auch das Fleisch, sonst wird das Fleisch gleich alles von Bord geschmissen und nur das Gerippe gekocht, da sitzt ja das Öl drin. Wie überall gibt es gute Saisons und welche, wo es überhaupt nichts gab. Das Öl ist, was Onassis haben wollte, wofür er bezahlt hat. Das hat ja das Geld gebracht. Margarine wurde daraus gemacht.“

An der Wand links neben dem Fenster ein Bild. Erinnerung an Henri Rousseaus Dschungel. Aber bunter. Zwischen üppigen, großblättrigen Pflanzen versteckt: zwei Tiger. Sie betrachten den Betrachter. Erst auf den zweiten Blick erkennbar: eine Giraffe und ein Zebra. Wie in der Wildnis passen sie sich der Umgebung an und meiden Blickkontakt, wollen keine Aufmerksamkeit erregen. Zwischen ihnen, in der Bildmitte, ein Teich. Der ergießt sich über einen kleinen Wasserfall in einen zweiten, kleineren, dadurch gewinnt das Bild Tiefe. Das Bild ist gerahmt.

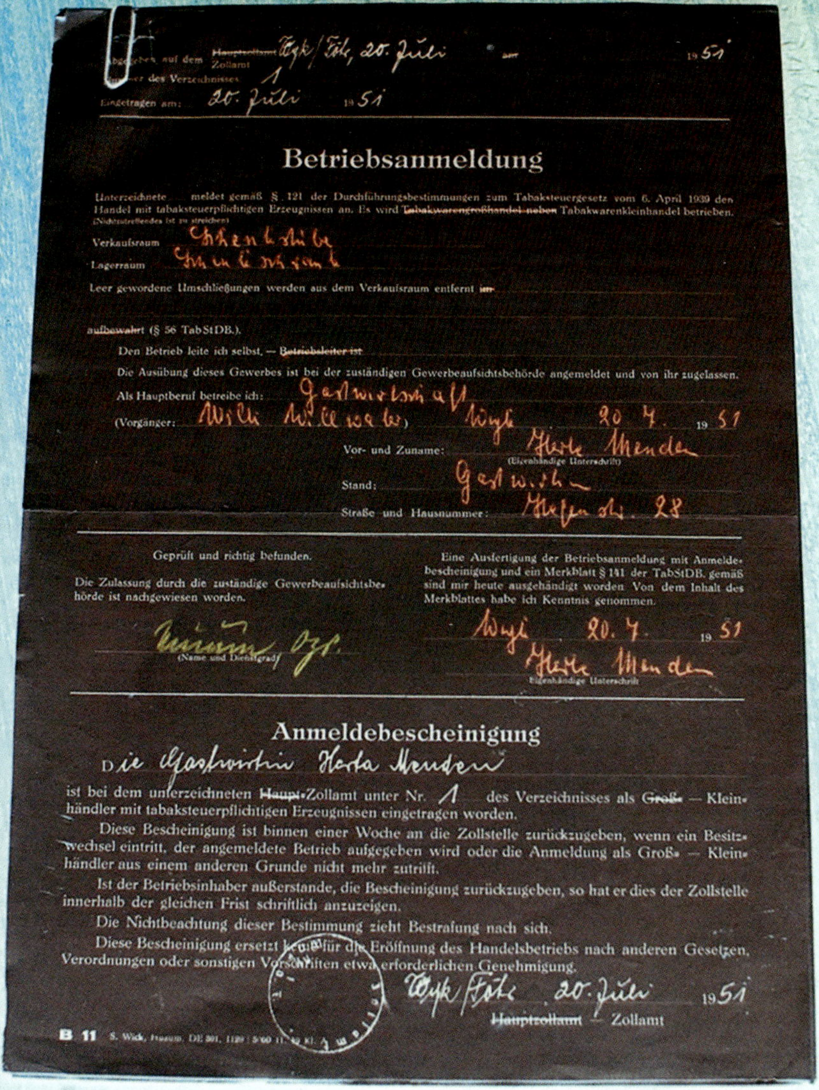

Abgegeben auf dem ~~Hauptzollamt~~ Zollamt Wyk/Föhr, 20. Juli 1951
Nummer des Verzeichnisses 1
Eingetragen am: 20. Juli 1951

Betriebsanmeldung

Unterzeichnete meldet gemäß § 121 der Durchführungsbestimmungen zum Tabaksteuergesetz vom 6. April 1939 den Handel mit tabaksteuerpflichtigen Erzeugnissen an. Es wird ~~Tabakwarengroßhandel neben~~ Tabakwarenkleinhandel betrieben.
(Nichtzutreffendes ist zu streichen)

Verkaufsraum Schankstube
Lagerraum Schankschrank

Leer gewordene Umschließungen werden aus dem Verkaufsraum entfernt ~~im~~ ~~aufbewahrt~~ (§ 56 TabStDB.).

Den Betrieb leite ich selbst. — ~~Betriebsleiter ist~~

Die Ausübung dieses Gewerbes ist bei der zuständigen Gewerbeaufsichtsbehörde angemeldet und von ihr zugelassen.

Als Hauptberuf betreibe ich: Gastwirtschaft
(Vorgänger: Willi Willwater) Wyk 20. 4. 1951

Vor- und Zuname: Herta Menden
(Eigenhändige Unterschrift)
Stand: Gastwirtin
Straße und Hausnummer: Hafenstr. 28

Geprüft und richtig befunden.

Die Zulassung durch die zuständige Gewerbeaufsichtsbehörde ist nachgewiesen worden.

Ozs.
(Name und Dienstgrad)

Eine Ausfertigung der Betriebsanmeldung mit Anmeldebescheinigung und ein Merkblatt § 141 der TabStDB. gemäß sind mir heute ausgehändigt worden. Von dem Inhalt des Merkblattes habe ich Kenntnis genommen.

Wyk 20. 7. 1951
Herta Menden
Eigenhändige Unterschrift

Anmeldebescheinigung

Die Gastwirtin Herta Menden

ist bei dem unterzeichneten ~~Haupt~~Zollamt unter Nr. 1 des Verzeichnisses als ~~Groß~~ — Kleinhändler mit tabaksteuerpflichtigen Erzeugnissen eingetragen worden.

Diese Bescheinigung ist binnen einer Woche an die Zollstelle zurückzugeben, wenn ein Besitzwechsel eintritt, der angemeldete Betrieb aufgegeben wird oder die Anmeldung als Groß- — Kleinhändler aus einem anderen Grunde nicht mehr zutrifft.

Ist der Betriebsinhaber außerstande, die Bescheinigung zurückzugeben, so hat er dies der Zollstelle innerhalb der gleichen Frist schriftlich anzuzeigen.

Die Nichtbeachtung dieser Bestimmung zieht Bestrafung nach sich.

Diese Bescheinigung ersetzt keine für die Eröffnung des Handelsbetriebs nach anderen Gesetzen, Verordnungen oder sonstigen Vorschriften etwa erforderlichen Genehmigung.

Wyk/Föhr 20. Juli 1951
~~Hauptzollamt~~ — Zollamt

B 11 S. Wick, Passau. DE 301. 1129 : 5000 11. 49 Kl.

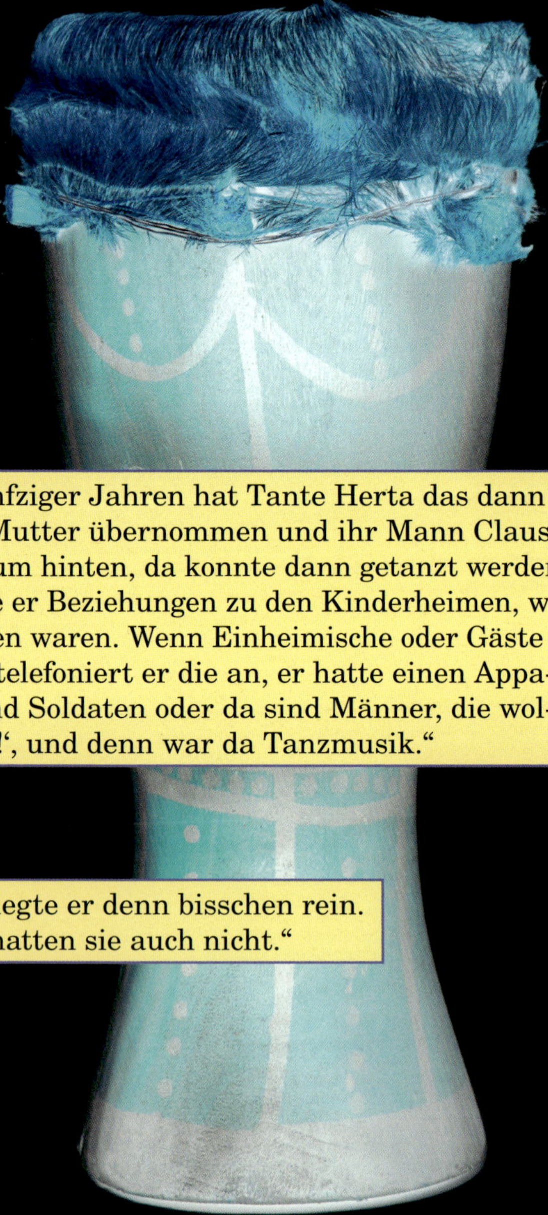

„In den fünfziger Jahren hat Tante Herta das dann von ihrer Mutter übernommen und ihr Mann Claus baute das um hinten, da konnte dann getanzt werden. Dann hatte er Beziehungen zu den Kinderheimen, wo die Mädchen waren. Wenn Einheimische oder Gäste da waren, telefoniert er die an, er hatte einen Apparat: ‚Da sind Soldaten oder da sind Männer, die wollen tanzen!', und denn war da Tanzmusik."

„So kriegte er denn bisschen rein. Mehr hatten sie auch nicht."

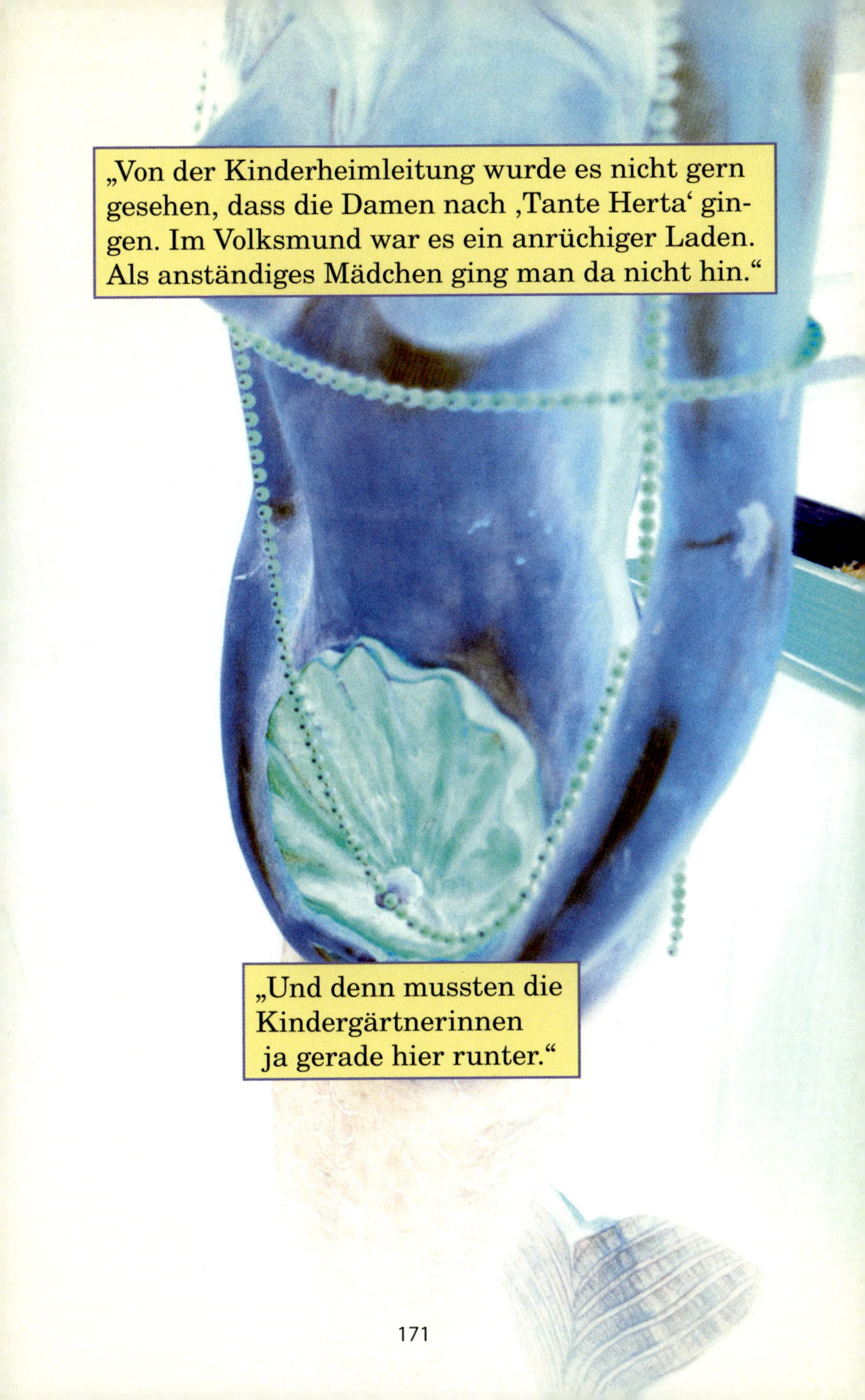

„Von der Kinderheimleitung wurde es nicht gern gesehen, dass die Damen nach ‚Tante Herta‘ gingen. Im Volksmund war es ein anrüchiger Laden. Als anständiges Mädchen ging man da nicht hin.“

„Und denn mussten die Kindergärtnerinnen ja gerade hier runter.“

„Der Vater von Claus-Otto war so ein Widerling, wenn wir tanzten, und wir haben büschen eng getanzt, dann kam er an und machte so eine Motte, drängte sich dazwischen.“

„Der war ein Stinkstiefel, und er ist immer fremdgegangen. 1960 hat Herta sich scheiden lassen, da ging er mit einer Jüngeren zum Festland. Dann war das aus. Und sie war gezwungen, die Kneipe fortzusetzen, das war ja der Lebensunterhalt. Sie konnte das aber nicht alleine. Da hat Inge gesagt: ‚Jetzt helfe ich meiner Schwester‘, und ist Anfang 1962 mit in die Gastwirtschaft reingegangen.“

„Für Herta und Inge war das der Lebensinhalt. Herta war nicht an anderem interessiert, und die musste ja auch ihre beiden Kinder, nachdem ihr Mann sie verlassen hatte, irgendwie durchfüttern, durchbringen."

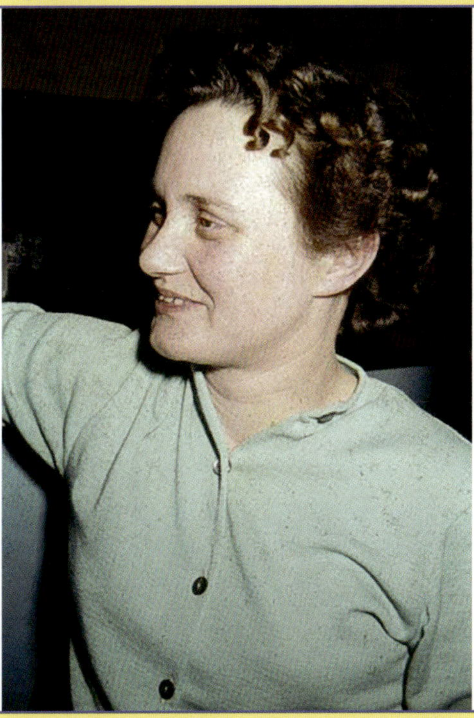

„Herta hat gekocht. Tagsüber für Christine, die mitgeholfen hat in der Kneipe, für Kurt, den Kellner, für die Kinder. Und dann abends und nachts in die Kneipe. Und wenn man denkt, dass dann morgens um drei, vier, fünf die Letzten die Kneipe verließen, dann brauchte man ja auch noch ein bisschen Schlaf. Sie hatte praktisch kein Privatleben."

„Man hat schon geschnackt, aber sie hatte auch immer was zu tun, sich hingesetzt bei uns hat sie sich eigentlich nicht. Nein, immer über den Tresen, nicht so ganz eng.“

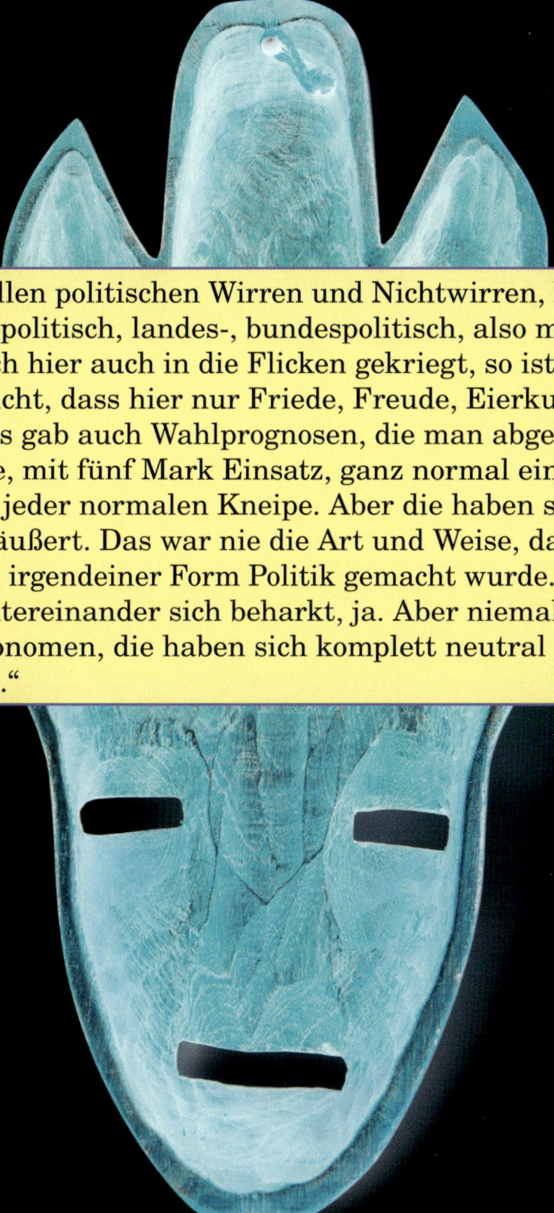

„Mit allen politischen Wirren und Nichtwirren, kommunalpolitisch, landes-, bundespolitisch, also man hat sich hier auch in die Flicken gekriegt, so ist das nun nicht, dass hier nur Friede, Freude, Eierkuchen war. Es gab auch Wahlprognosen, die man abgeben konnte, mit fünf Mark Einsatz, ganz normal einfach, wie in jeder normalen Kneipe. Aber die haben sich nie geäußert. Das war nie die Art und Weise, dass hier in irgendeiner Form Politik gemacht wurde. Man hat untereinander sich beharkt, ja. Aber niemals die Gastronomen, die haben sich komplett neutral verhalten.“

Arbeit
Ambition
Alkohol
Amerika

„Claus-Otto war schwierig. Wir sagten immer: ‚Er ist kein Kröger.'“

„Er hat die Theke vergrößert. Und das Schlimmste, die Musikbox durch einen CD-Wechsler ausgetauscht.“

„Bei Claus-Otto gab es moderne Musik. Also ich hab dieses von früher nie gehört, die alten Seemannslieder, Freddy Quinn, ‚Junge komm bald wieder', und ‚Ick heff mol 'nen Hamburger Veermaster sehn', so diese Seemannslieder, da hatte er keinen Sinn für.“

„‚Du bist ja noch nie auf groote Fohrt ween!‘, sagt der eine zum andern, ‚Du bist überhaupt kein Seemann! Wo bist du überall ween?‘, wo bist du gewesen überall?“

„Da waren viele, die waren hier bloß rumgeschippert. Gab es auch, dass sie gar nicht auf See waren. Die haben sich da einen eingetrichtert, Mann, Mann, Mann. Wenn man denn so einen Lütten in der Flinte hatte, konnte man sich totlachen.“

„Früher hatten wir hier viel Frachtverkehr, Frachtschiffe, die lütten, Kümos. Da hatte die W.D.R. nur so Personenschiffe, da konnte nur bisschen Fracht mit, und so fuhr jede Woche die ‚Juvel' von Wyk nach Hamburg und zurück, holte Lebensmittel. Das war ein Schiff von einhundert oder einhundertzwanzig Tonnen, die fuhr einmal die Woche von Hamburg-Altona, Fischmarkt, nach Wyk. Freitags kam die hier an und fuhr dienstags, meinetwegen, wieder nach Hamburg. Und kam denn Freitag wieder, jede Woche."

„Steine, Baumaterial, Zement, kam alles mit Frachtschiffen. Heute kommen die Lastzüge mit der Fähre hier an, ist kein Schiffsverkehr mehr hier. Da hat sie auch von mit gelebt, Tante Herta. Die kamen denn um die Ecke rum und saßen da mit am Tisch, am Stammtisch zum Teil, und kriegten da ihr Bier und Schnaps."

Im Flur ein zu einem Viertel genutztes Bücheregal aus Holz. Die Rückseite einer zweiten Tür, die zum Wohnzimmer führt. Die Bücher zum Teil auf dem Kopf stehend oder liegend.

„Dann durfte Claus-Otto nicht aufs Gymnasium. Es gab ja zu der Zeit, ’63, ’64, noch eine Aufnahmeprüfung. Ich weiß nicht, welchen Notendurchschnitt er hatte, aber er wurde für nicht gut genug befunden, und es kann durchaus sein, dass es auch dieses Vorurteil gab gegen diese Mutter als Kneipenwirtin. Ich kann in die Herzen der damaligen Lehrer nicht hineinschauen, aber es ist meine Vermutung.“

„Ich bin mit fünfzehn schon auf Grönland gewesen, ich ging in Husum auf die dänische Schule. Da war ein Lehrer und sein Bruder fuhr als Kapitän bei der Reederei ‚Jutlandia' in Kopenhagen, und ich war von sechzig Konfirmanden der Einzige. Auf der ‚Brigitte Toft' von ‚Jutlandia', und dann ging das von Calais gleich rauf nach Grönland. Haben wir Sachen abgeholt für die Amerikaner, amerikanisches Militär, und dann sind wir nachher Calais, und dann hab ich eine Reise Mittelmeer mitgemacht."

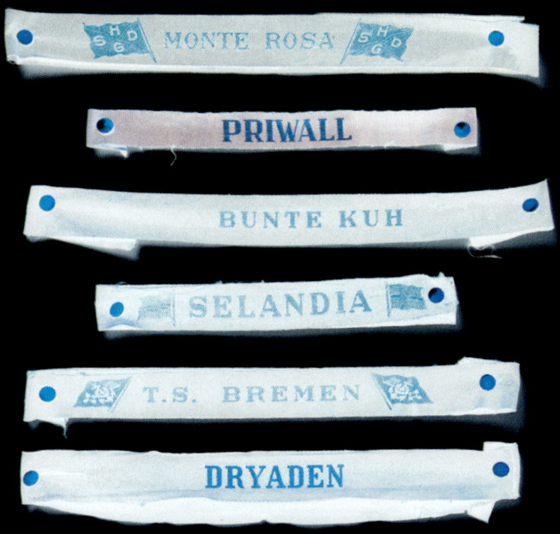

„‚Du musst nach Amerika, Heinrich. Theo wird hier der Bäcker.' Kriegt er die Karte, Onkel Arnold war schon benachrichtigt, hatte alles klar, ging er nach Amerika, da wurde gar nicht lange gefragt."

„Mit Tränen in den Augen sind einige abgehauen. Das war nicht immer Honigschlecken nach Amerika. Viele, ganze Schulklassen sind nach dem Ersten und Zweiten Weltkrieg ausgewandert. Letzter Jahrgang, konfirmiert und nach Amerika. Hier war keine Arbeit. Anfangs ging das auch gut, die haben dann da Arbeit bekommen im Store, in so einem kleinen Laden, so zum Packen und Tun, Kartoffeln schälen und so was alles, von morgens bis abends. Denn eine kleine Bude irgendwo, ein paar Stunden schlafen und dann morgens wieder in den Gang. Einige haben auch unter dem Ladentisch gepennt, das kostete ja kein Geld da unter. Das war auch Armut hoch drei, wie die da angefangen sind."

„Claus-Otto durfte dann in Husum Abitur machen, wo Tante Herta die Wohnung bezahlt hat.“

„Tante Herta hatte bestimmt ein paar Hunderttausend Mark hinterm Tresen. Da ist viel schwarz bezahlt worden.“

„Der Laden war ja der, wo es das schnellste Bier gab. Das war keine sieben Sekunden und hin. So ungeschminkt wie Tante Herta war auch der Ausschank. Keine extra Biergläser, nein, einfach Colagläser genügten. Und Schaum war auch nur ein Fingerbreit drauf, wenn überhaupt. Bevor man noch die Jacke ausgezogen hatte, stand schon das Bier auf dem Tisch."

„Hier waren sechzig Leute drin, die haben in Fünferreihen gestanden. Die konnten mit dem Bier-Einschenken gar nicht nachkommen. Das war unglaublich, da wurden dann schon mal fünf, sechs Fässer leer."

„Ihr Bier, was sie gezapft hat, *pfiith,* zack und hingestellt, das schmeckte nicht, und wenn du da zwanzig Stück von kriegtest, dann hast du einen Kopp gehabt, fürchterlich. Haben wir gedacht: ‚Das Bier darfst du nicht trinken.' Dann haben wir immer ‚Ratsherrn' bestellt, flaschenweise. Davon hatte sie aber nicht so viel, dat wussten wir auch, und wenn wir mit fünf Mann kamen: ‚Fünf Ratsherrn!', dann sagte sie: ‚Hm, sind wieder die Hamburger Kaufleute hier, die Ratsherrn. Inge, guck mal nach, wie viel Ratsherrn wir haben.' Da ging Inge runter auf die Knie, und unten ganz in der Ecke waren die dann, genau fünf. Trinken wir die fünf Flaschen, und zu Inge dann: ‚Noch mal fünf.' ‚Ihr kriegt gleech een anne Schnut, ik hev doch secht, ik hab nur fief. Mögt ihr mein Bier nich?' ‚Doch, aber wir wollen lieber Ratsherrn, das ist schöner für uns.' ‚Scheiß Ratsherrn!', sagt sie da."

„‚Tante Herta, möchtest du einen da nebenbei haben? So einen Kleinen, weißt du?'
‚Ja, gerne, aber Inge auch.'
‚Zwei Korn denn!', also Köm.

Die haben die denn getrunken. Die warteten schon immer, dass wir sagten: ‚Tante Herta, möchtest du einen mittrinken?' ‚Ja, aber Inge auch.' Wir kriegten zwei Köm und denn haben sie immer so einen lütten Spritzer Zitrone, *pfrit, pfrit,* da rein, warum weiß ich nicht, aber die konnten dat Korn, dat Köm trinken, ganze Flasche, die wurden ja nicht besoffen. Bis da mal was umkippte auf dem Tresen, und da macht der eine so mit dem Finger und leckt es ab: ‚Du, das 's' Water.'

Da haben wir das spitzgekriegt. Es gab zwei verschiedene Flaschen, eine mit Köm und eine mit Wasser. Sonst hätten die das gar nicht durchgehalten den ganzen Abend. Aber berechnet haben sie ihn natürlich trotzdem. Und denn, wo wir merkten, dass das Wasser war, haben wir keinen mehr ausgegeben, und denn sagten sie: ‚Wollt ihr keinen mehr ausgeben?' ‚Nee, wir haben nicht so viel Geld mit.'"

„Auf dem Land wurde früher viel mehr getrunken, aber jetzt wo die Polizei aufpasst … Aber das ist das alleine nicht, ist auch ein bisschen die Knete. Die haben heute ihre Hütten, wo sie sich einen knallen. Die holen sich eine Buddel bei Sky oder Lidl, haben sie sich einen ehemaligen Schafstall oder was ein bisschen zurechtgemacht, und da wird erst mal vorgedröhnt, vorgeglüht. So was kannten wir nicht. Wir sind immer in die Wirtschaft gegangen, das konnte man ja bezahlen. Mit 'nem Heiermann, Fünfmarkstück, wenn ich den noch fand bei mir in der Jacke, so donnerstags, bevor es Geld gab, dann konnte ich in die Wirtschaft fahren, konnte mir eine Schachtel Zigaretten für eine Mark zehn kaufen und konnte noch ein paar Bier und Köm trinken. Heute muss ich Fünfziger mithaben, wenn ich wat will, so sieht dat ut."

„Das war immer schon eine Kneipe, wo die ganzen Jugendlichen auch reingegangen sind. Das ging meistens los, wenn die ihre Mittlere Reife hatten, dann haben die erst mal hier gefeiert und das gefiel ganz gut, und Herta kam mit den jungen Leuten auch unwahrscheinlich gut klar. Das war also, der Nachwuchs kam von selbst in die Kneipe rein."

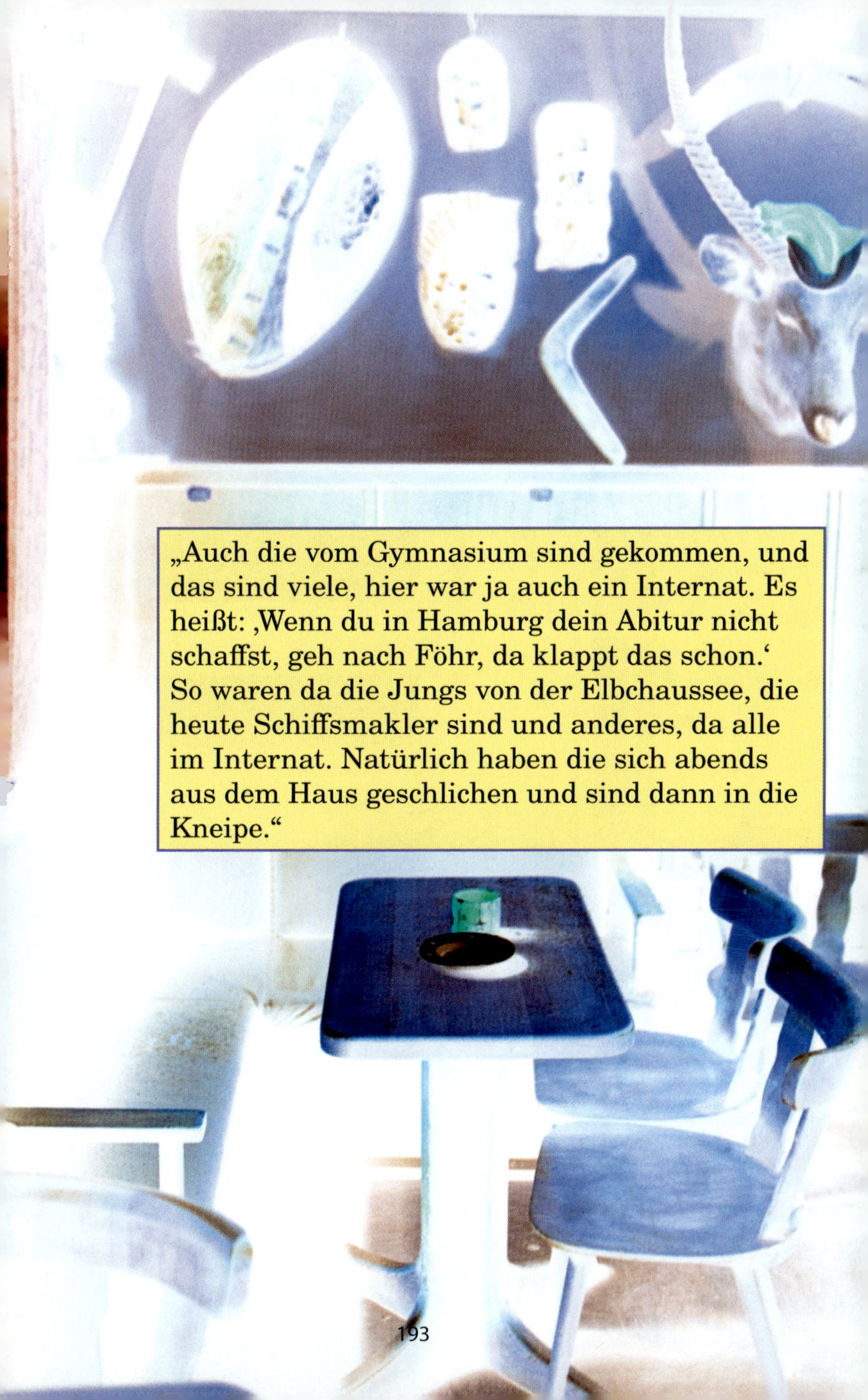

„Auch die vom Gymnasium sind gekommen, und das sind viele, hier war ja auch ein Internat. Es heißt: ‚Wenn du in Hamburg dein Abitur nicht schaffst, geh nach Föhr, da klappt das schon.' So waren da die Jungs von der Elbchaussee, die heute Schiffsmakler sind und anderes, da alle im Internat. Natürlich haben die sich abends aus dem Haus geschlichen und sind dann in die Kneipe."

„Als Claus-Otto in Husum war, war er natürlich während der Sommerferien auch hier und wohnte oben im Obergeschoss. Da bin ich dann hin und hab ihn besucht nachmittags, haben wir Musik gehört und was weiß ich. Und wenn sie dann –, war ich ja bei denen im Haus, klar, und da lief dann auch Herta rum.“

„Sie hatte ihm wohl ein paar Mal ganz deutlich zu verstehen gegeben, dass er eigentlich als Sohn gar nicht erwünscht war, so ungefähr.“

Antoine de Saint-Exupéry – Der kleine Prinz. Charles Bukowski – Doppelband: Fast eine Jugend & Das Schlimmste kommt noch. Friedrich Nietzsche – Also sprach Zarathustra. Henry Miller – Plexus. Gabriel Garcia Márquez – Hundert Jahre Einsamkeit. Thomas Anthony Harris – Ich bin ok, du bist ok. Die gesammelten Märchen aus 1000 & 1 Nacht. Malory – König Artus. Herman Melville – Moby Dick. Lenin – Die Jugend. Robert Ludlum – Das Parsifal Mosaik. Mackensen – Das moderne Fremdwörterlexikon. Stanislaw Lem – Sterntalerbrücke. Stanislaw Lem – Summa technologiae. Marion Zimmer Bradley – Lythande. John le Carré – Ein blendender Spion. Anthony Robbins – Das Robbins-Prinzip. Ribiero Brasiliero – Brasilien. Elke und Dido Laßkam – Amerika, Edition unterwegs. Föhrer Senioren erzählen, Band 1 bis 4. Georg Quedens – Föhr. Candido de Carvalho – Der Oberst & der Werwolf. Robert Fisher und William Ury – Das Harvard-Konzept. G. Labrera Infante – Drei traurige Tiger. Aldous Huxley – Brave New World. Tschingis Aitmatov – Dshamilja. Sammelband: Garcia Márquez, Simenon, Apollinaire. J. W. Goethe – Faust II. Teil. Umgang mit Tieren. Hesse – Die Kunst des Müßiggangs. Marie Schandri – Regensburger Kochbuch. Karl Duch – Handlexikon der Kochkunst. Jules Verne – Der Kurier des Zaren. Ephraim Kishon – Arche Noah, Touristenklasse. Gaumenfreuden aus Europas Küchen. Schöffler, Weis – Deutsch-Englisch. Langenscheidt Taschenwörterbuch. The Oxford Readers Dictionary. Jens Kish Jessen – Handbuch der praktischen Seemannschaft auf traditionellen Segelschiffen. Arne Krüger – Braten mit Biskin, Kochen für jeden Tag, Grillen & Überbacken. Barbara Ruttig – Mein Kochbuch. Uwe Zacchi – Föhrer gestern und heute. Siemens – Die neue Art zu kochen. Aluwunder – Rezepte, Tips, Tricks. Ilse Frodie – Das Mikrowellenkochbuch.

„Claus-Otto stand immer hinterm Tresen und mischte sich in die Gespräche ein.“

„Alle haben immer gejammert, immer hieß es: ‚Wenn es Tante Herta doch noch gäbe.‘ Also sie haben sie sehr vermisst. Es geht um Menschen und ihre Art, Stühle sind es ja nicht. Sie hat jeden so angenommen, wie er war. Und viele sind ja so einsam, und da kriegten sie ihren Schnaps und konnten stehen und klottig reden, nannte man das früher, und da war man nicht so allein. Die Föhrer schnacken ja auch oft erst, wenn sie einen im Kran haben.“

„Dann hat Claus-Otto die Musik laut gedreht, ganz laut, dass die Leute rausgegangen sind. Oder er hat die Leute einfach rausgeschmissen. Oder er hat sie nicht bedient, wenn ihm was nicht gepasst hat, weil er schlauer war als die Menschen, die hier stehen und Bier trinken.“

„Als Lehrer kann man ja auch kein Kröger sein, geht nicht.“

„Jedenfalls hat Claus-Otto auf dem Techniker-Gymnasium sein Abitur gemacht auf der Grundlage des Realschulabschlusses aus Wyk und ja dann auch sein Studium erfolgreich betrieben.“

„Er hat Sport und Chemie studiert.“

„Im Studium hat er sich die abstehenden Ohren dann operieren lassen.“

Im Bad, weiß gestrichen, auch Täfelung. Dort, für die Größe des Bads und den Altbaucharakter des Hauses ein unverhältnismäßig großes und pompöses Waschbecken mit Spiegelambiente.

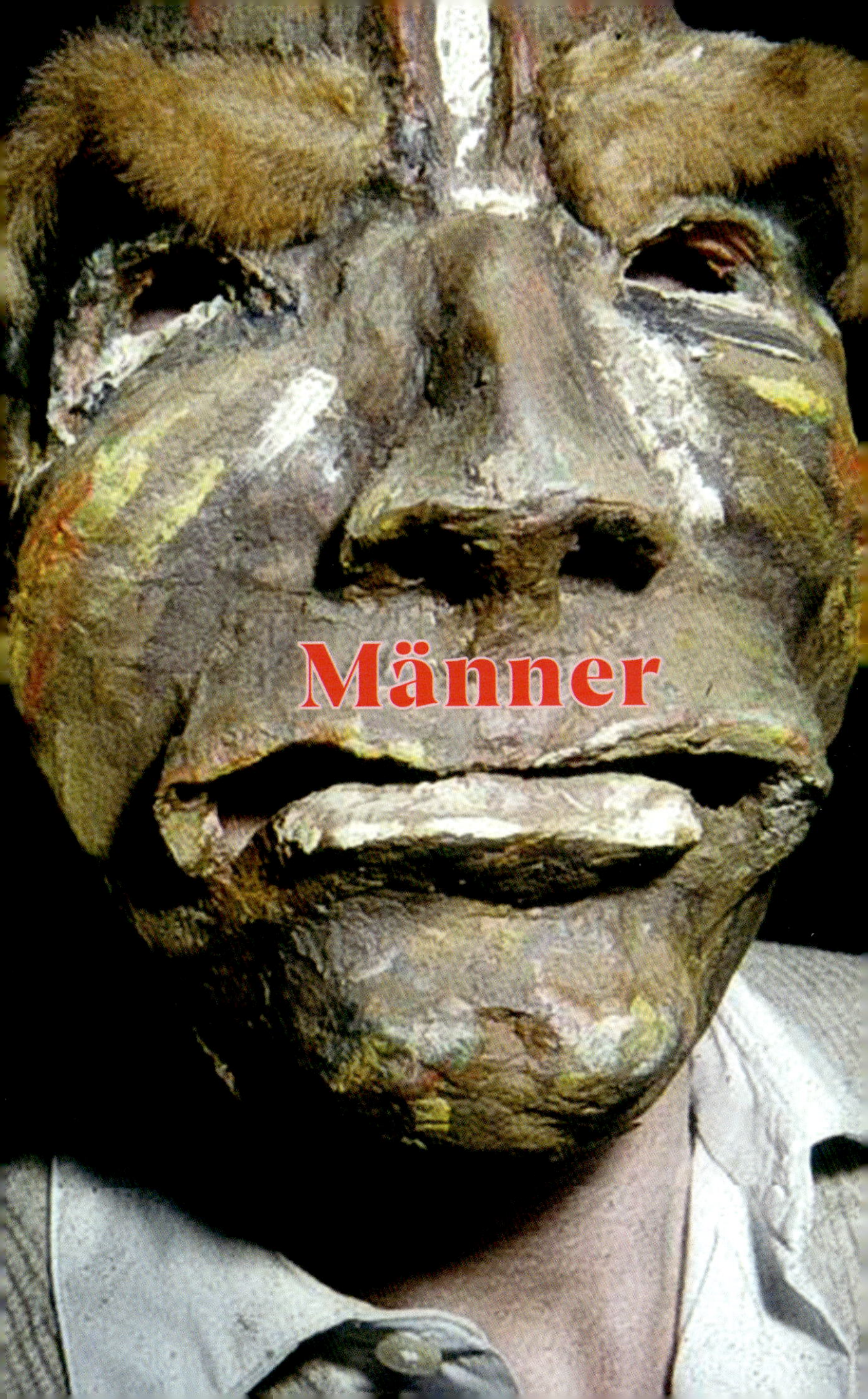
Männer

„Ich weiß noch, einmal, wie wir dasaßen, da war hier der Otto Nebel, der Walfänger, und der sagte, als er voll war: ‚Entweder ich krieg noch ein Bier oder ich scheiß auf den Saal.' Hat die Hose runtergezogen und saß da mit nacktem Arsch am Saal."

„Das war 'ne Type, Otto Nebel. ‚Ich krieg noch ein Bier oder ich scheiß auf den Saal.' ‚Nix, du bist besoff'n, rut mit di, nix!' Hab ich einmal mitgekriegt, ich hab gelacht, du, der Typ, der war gut."

„Ich hab, solange ich hier war, nicht eine, doch eine einzige Schlägerei in der Kneipe erlebt. Und diese Schlägerei ging dann so, da haben sich zwei Fischer ein bisschen an die Köppe gekriegt, ist Herta dazwischengegangen, da waren sie alle ganz ruhig. Im Klartext: Die wussten, wenn sie jetzt aufmucken gegen Tante Herta, dann sind sechs bis sieben Mann auf ihnen. Die war unberührbar. Sie hat die dann nicht rausgeschmissen, sondern zu den beiden gesagt: ‚Du setzt dich da in die Ecke und du da in die Ecke!', und dann kriegten sie ihr Bier und haben sich hinterher wieder vertragen. Dat war typisch Herta, da gab es kein Kummern und kein gar nichts. Die konnte mit Leuten umgehen, dat war wirklich große Klasse."

„Tante Herta hat nicht wieder geheiratet. Die sah gar nicht schlecht aus, diese kleine Person, aber die hat nie wieder einen Mann gehabt. Da waren wohl welche, die wollten, aber das hat sie nicht gemacht. Die hat immer auf die Männer geschimpft."

„Wenn ich diese Gegensätze sehe, so wie die Frauen gearbeitet haben, können die sich nicht ums Kind gekümmert haben. Vom Pensum her und auch von der Natur, wie soll man das beschreiben? Solche Frauen, die so an Deck stehen müssen, so hart im Denken sind und so knallhart gucken müssen, dass alles läuft, und das hat ja auch funktioniert. Ich denk immer, da bleibt die Gefühlswelt irgendwo stecken."

„Der beste Witz ist doch der: ‚Da ist eine Frau, die wohnt in Flensburg, und die fährt immer auf dem Fahrrad nach Dänemark zum Einkaufen. Sie kann aber kein Dänisch. Nun will sie Milch haben, da fässt sie sich an die Brust. Eine Woche später, da will sie Eier einkaufen, da nimmt sie aber ihren Mann mit. Aus welchem Grund? Der kann Dänisch.'"

„Also die Seemänner, die waren ja wie überall witzig und hatten nicht so viele Hemmungen, über Grenzen zu gehen, so dieses: ‚Was sollen die Leute sagen', oder so was, dafür hatten sie zu schwere Sachen miterlebt. Die so am Haus standen morgens, die Männer, wenn man zum Schwimmen ging, die sind gestorben, und es wächst nichts nach. Das sind immer die Männer, die witzig waren, ein bisschen anrüchig, so ein bisschen schweinisch, aber gekonnt und gut. Also mir hat es immer gefallen, und ich vermisse die."

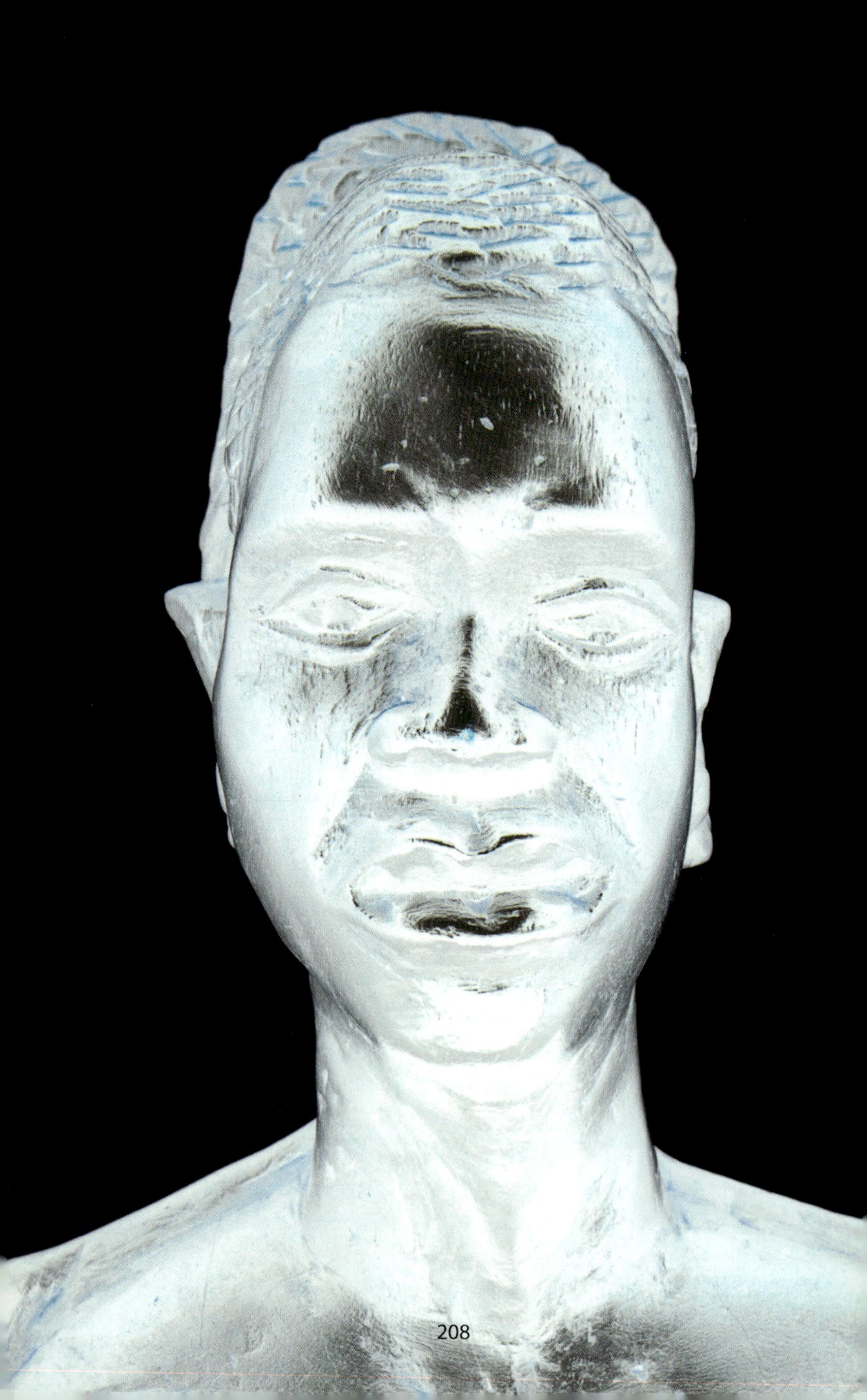

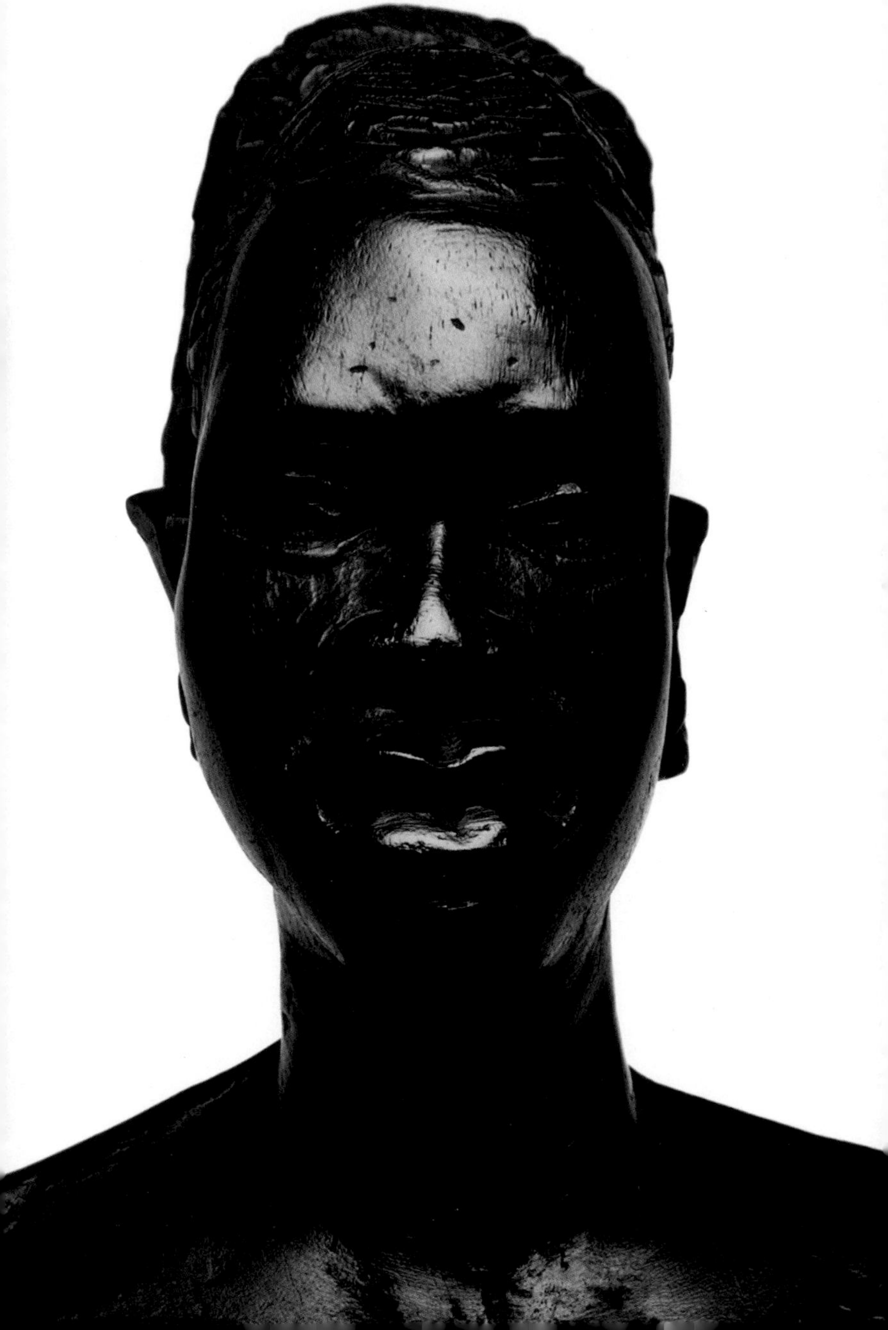

„‚Sollen wir Tante Herta mal ärgern?‘
‚Wie sollst du die denn ärgern?‘
‚Ja, pass mal auf.‘

Da nimmt er ein Zweimarkstück und tut das in die Musikbox rein und noch eine Mark und tippt fünfmal dieselbe Platte: ‚Oh Pardon, sind Sie der Graf von Luxemburg?‘ Denn, *klack, klack, klack,* wird diese Schallplatte auf diesen Teller da und fängt an zu spielen. Ist ja schöne Musik, ich meine, Wencke Myhre hat das gesungen, ‚Oh Pardon, sind Sie der Graf von Luxemburg?‘ Und dann sind die Mädchen alle am Tanzen, am Schunkeln. Geht die Platte zu Ende, *pfieht,* der Arm wieder hoch, *klick, klick, klick, klick, klick,* datselbe noch mal, er hat ja fünf Platten getippt. Da sagt Herta noch nichts, Inge auch noch nicht, alles ist gut, die Frauen tanzen wieder, auch wenn das schon das zweite Mal spielt, und denn wieder, *hjimm, klick, klick, klick, klick, klick,* kommt wieder dieselbe Platte. Da sagt Herta: ‚Dieser verdammte Apparat, der taugt ja nichts, da muss ich morgen mal einen bestellen von Boetius, der das neu einstellt.‘

Und dann geht sie zum Tresen, da hatte sie so einen kleinen Hebel, *klick,* dann war die Platte zu Ende, hatte sie extra einbauen lassen. Der Apparat sagt: ‚*Klick, klick, klick, klick*‘, und die nächste Platte wieder: ‚Oh Pardon, sind Sie der Graf von Luxemburg?‘ Und Herta: ‚Ich hab doch gewusst, der Apparat ist kaputt.‘“

„Beim fünften Mal, da fliegen wir raus. Da sagt sie: ‚Ich weiß genau, dass ihr das wart, und jetzt raus hier, aber ganz schnell.‘ Und die Gäste fragen: ‚Warum schmeißen sie denn die Leute raus?‘ Am nächsten Tag sind wir wieder da, ist ja klar, sagt Max: ‚Du, Herta, hast’ die Schallplatte noch in dein Apparat?‘ “

„Claus-Otto hatte eine große Affinität für Computer und Technik, deswegen wurde hier auch alles digitalisiert. Die alte Box hängt da zwar noch, aber das lief dann alles über Mac und Apple.“

„Auch bei Ebay war er ständig drin und da konnten auch stehen, wie viel Leute hier wollten, wenn er auf Ebay irgendwie was verkaufen oder kaufen wollte, dann war das Priorität, da konnten die Gäste hier, ich sag mal, auf gut Deutsch, verdursten.“

Heimathafen

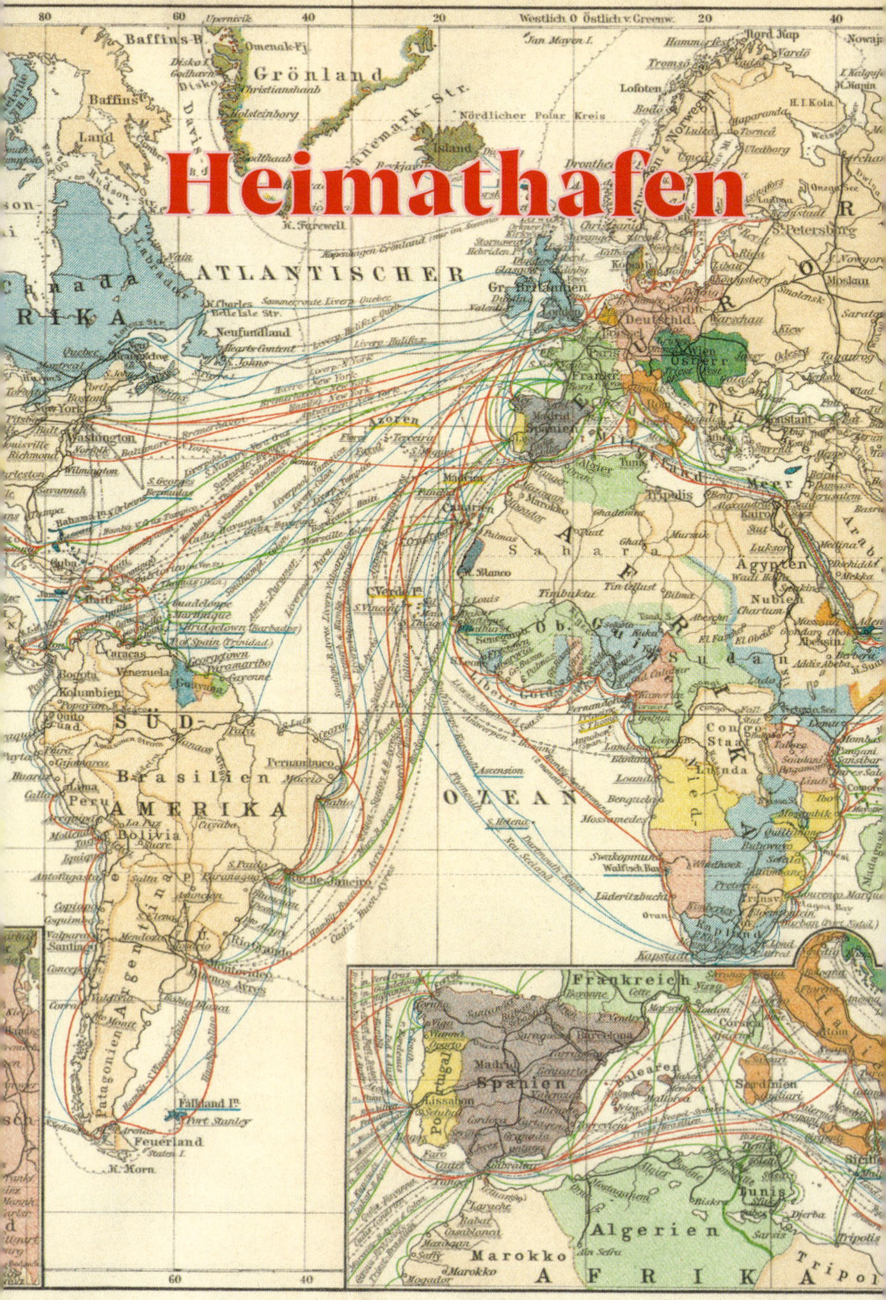

Bibliographisches Institut in Leipzig.

Große Fahrt

WELTVERKEHRS-KARTE.
Europäischer Kolonialbesitz:
Deutsch
Britisch
Französisch
Niederländ.
Spanisch
Italienisch
Deutsche Schiffe
Britische „
Französ. „
Österreich. „
Niederländ. Schiffe
Italienische „
Belgische „
Portugies. „
Spanische Schiffe
Amerikan. „
Japanische „
Russische „
Äußerste beobachtete Treibeisgrenze.
Ost-Sibirien
GROSSER OZE
STILLER OZEA
OZEAN
Ochotskisches Meer
Berings-Meer
WEST-AUSTRALIEN
Queensld.
Neu-Süd Wales
Victoria
Tasmanien
Neu-Seeland
Philippinen
Karolinen
Marianen
Borneo
Sumatra
Neu-Guinea
Schwarzes M.
Bulgarien
Konstantinopel
Kl. Asien
Cypern
Vorder-Indien
Tibet
Mongolei
Mandschurei
Chinesisches Reich
Japan
Tokio
Jesso
Sachalin
Hongkong
Ceylon
Bombay
Madras
Siam
Luzon
Manila
Sydney
Melbourne
Brisbane
Perth
Adelaide

Über dem Treppenaufgang ein Wandregal. Darin weitere Bücher, diverse Ausgaben der „National Geographic" und ein Reiseführer für Kalifornien.

„Claus-Otto war unheimlich sportlich. Mit allem drum und dran. Surfen, Skifahren und Golfen und Segeln und alles Mögliche. Ist auch immer ganz viel rumgereist.“

„‚Hast du Max Rust mal getroffen‘, ich sech, ‚Ne, hab ich nicht‘, ‚Ja der hat hier noch einen Deckel stehen!‘ Einen Deckel, der noch nicht bezahlt worden ist, dann hatte er zu ihr gesagt: ‚Bezahl ich morgen‘, morgen ist er aber auf große Fahrt weg und der Deckel blieb da stehen, und sie hat das aufgeschrieben …

… Und wenn man selber wiederkam von großer Fahrt, nach acht oder zehn Monaten, und Max war immer noch nicht da, sagt einer: ‚Du musst die Zinsen aufschreiben!‘ ‚Von diesem Stapel‘, sie hatte extra so eine kleine Box für all die Deckel, die nicht bezahlt waren, ‚könnte ich in Urlaub fahren‘, sagte sie immer. Ist auch so.“

„Herta, die war doch nie auf dem Festland. Die war überhaupt nur dreimal weg von der Insel. Die sind nie verreist, und wenn sie aufs Festland wollten, dann sagten sie: ‚Wir fahren jetzt nach Europa. Da hinten liegt Europa.‘ “

„Man hatte manchmal tierische Probleme ranzukommen an das Schiffchen, das war gar nicht so einfach.“

„Das war bei uns Ritual, wenn man die Kneipe betritt, spendet man der DGzRS, dafür, dass sie ihre Arbeit tut, und dafür, dass sie die Seeleute rettet oder schützt.“

„Claus-Otto hat sich denn ein Segelboot gekauft.“

„‚Seefahrt ist Not‘, das gilt nicht mehr. Es gilt auf eine andere Art, aber nicht mehr so in diesem existenziellen Sinne. Wenn früher jemand auf Seefahrt ging, dann wusste er nicht, ob er wiederkommt oder wann er wiederkommt und was ihm unterwegs alles begegnet.“

„Das ist ja heute ein ganz anderes Konzept, da geht's ja eigentlich nur darum, termingenau, passgenau zu transportieren, ansonsten ist das ja nicht mehr körperlich anstrengend und bedrohlich wie früher. Das hat sich ja deutlich verändert."

„Vierzehn Jahre zur See gefahren. Zwei Jahre Onassis gefahren, einmal in drei Monaten um die Welt rum, mit dem Tanker, Tito-Tanker, Persischen Golf runter, Durban, dann Karibik, Aruba, haben wir gebunkert, also Ladung genommen …

… Gebunkert haben wir auch Hawaii, dann Hokkaido hoch, Japan, und dann wieder zurück in den Persischen Golf, Kuwait, einmal rum, drei Monate.“

„Damals gab es den Druck von den Kolonialmächten noch, heute sind sie alle selbstständig, dasselbe war ja im Kongo. Da sind wir hochgefahren, den Kongo, den River hoch, wo wir dann volle Pulle geben mussten mit dem Schiff, da war eine Ecke, das Teufelsloch, acht bis neun Knoten ging das gegen an, die Schiffe mussten wenigstens zehn oder elf laufen, damit sie nicht zurückgeschleudert wurden. Das zu machen damals, war richtig Kunststück, auf Deutsch gesagt."

„Belgisch-Kongo, Matadi, da haben wir gelöscht. Vorher wurden die ganzen Belgier umgelegt da, haben sie rausgeschmissen, einige ermordet. Aber hat ja auch der belgische König bös gehaust damals, Leopold der Zweite, die Hände abhacken lassen und all so ein Scheiß, der Drecksack. Human waren die früher auch nicht, die Europäer.“

„Mombasa haben wir mal sechs Wochen gelegen, Kaffee geladen, da gingen noch die Säcke über den Rücken, nach New York rüber, was waren das, achttausend Tonnen? Per Hand geladen …

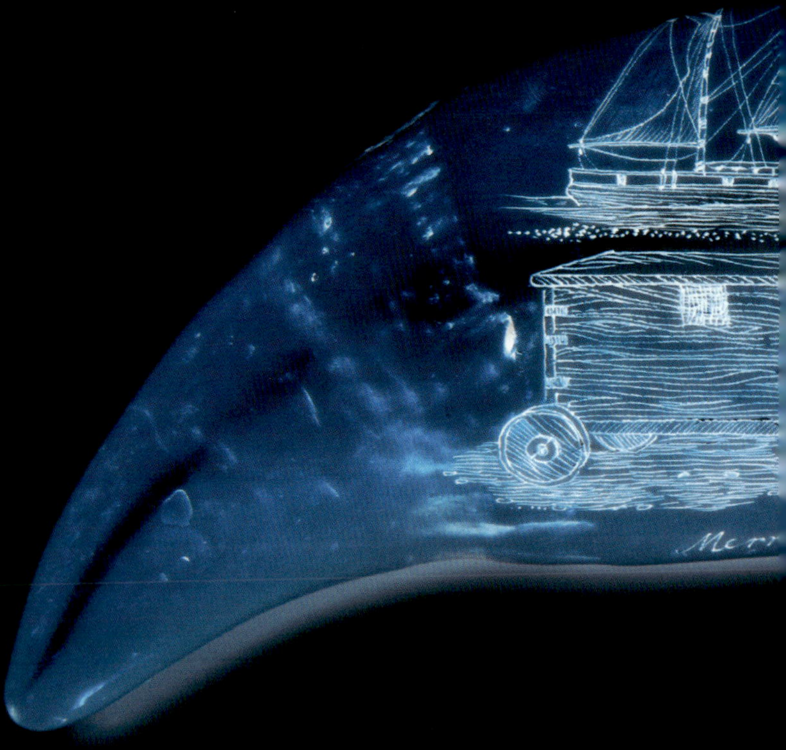

New Bedford

… Wir nicht, das machen die von Land, die Stauergang, und denn wie unten es kälter wurde, da kommen die blassen **** raus, nur T-Shirt an. Blinde Passagiere. Haben wir sechs Stück mitgehabt. Die gingen gleich in Eisen an Land. Pech gehabt, wieder in den Knast. Wir haben früher auch Ostafrika oder Westafrika so viele blinde Passagiere mitgehabt. In Rotterdam, Antwerpen, der erste Hafen, wo wir ankamen, gingen die auch an Land und wurden dann abgeholt von der Caritas, kriegten Koffer und alles Mögliche und wurden auf Reedereikosten zurückgeflogen. Das war damals schon so. Bis die Reeder sagten, Schluss, alte Boote an Bord, und wenn wir an eine Küste fahren, rudert nach Hause. Das haben die alle gemacht, und dann war Schluss. Raus aus der Pier, kurz hinterm Hafen ins Boot gesetzt, rudert nach Hause.“

euronews.

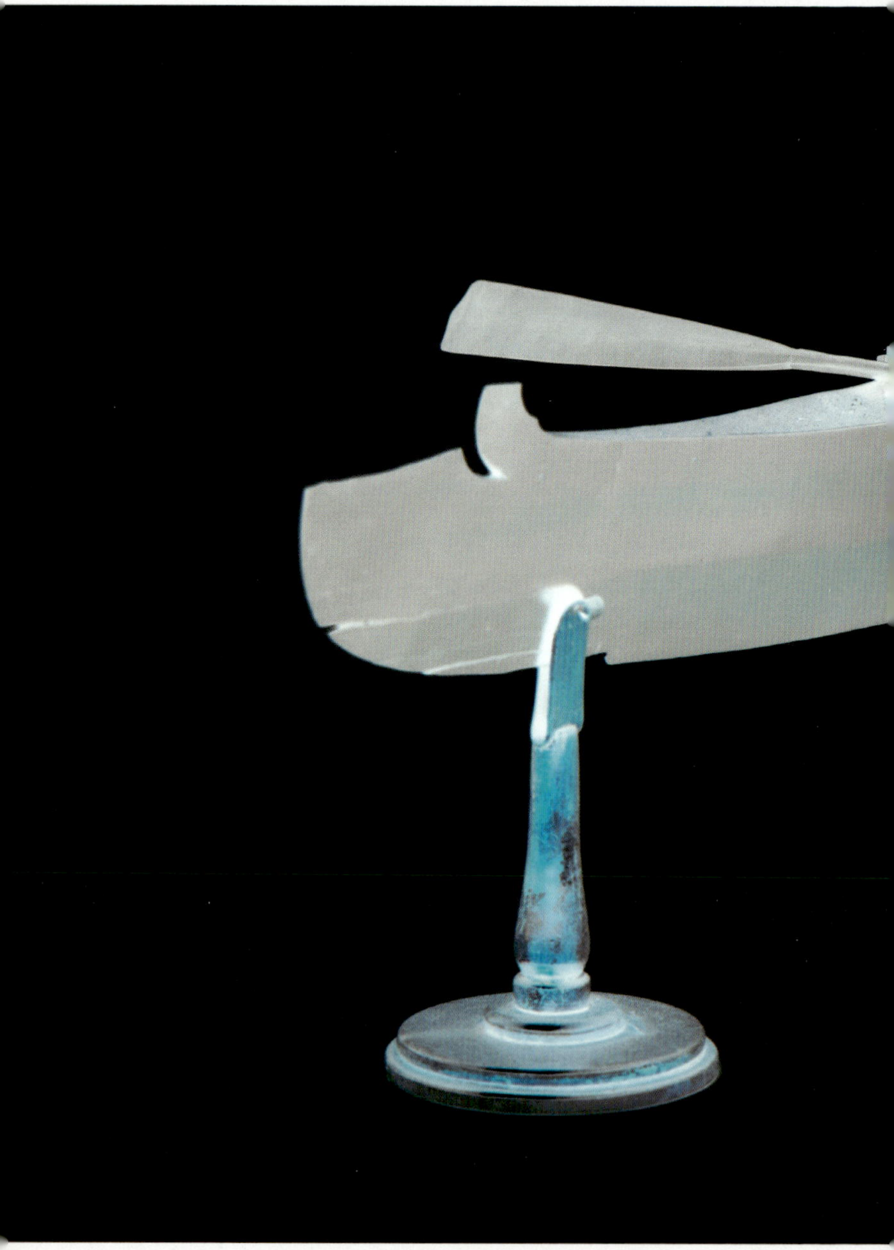

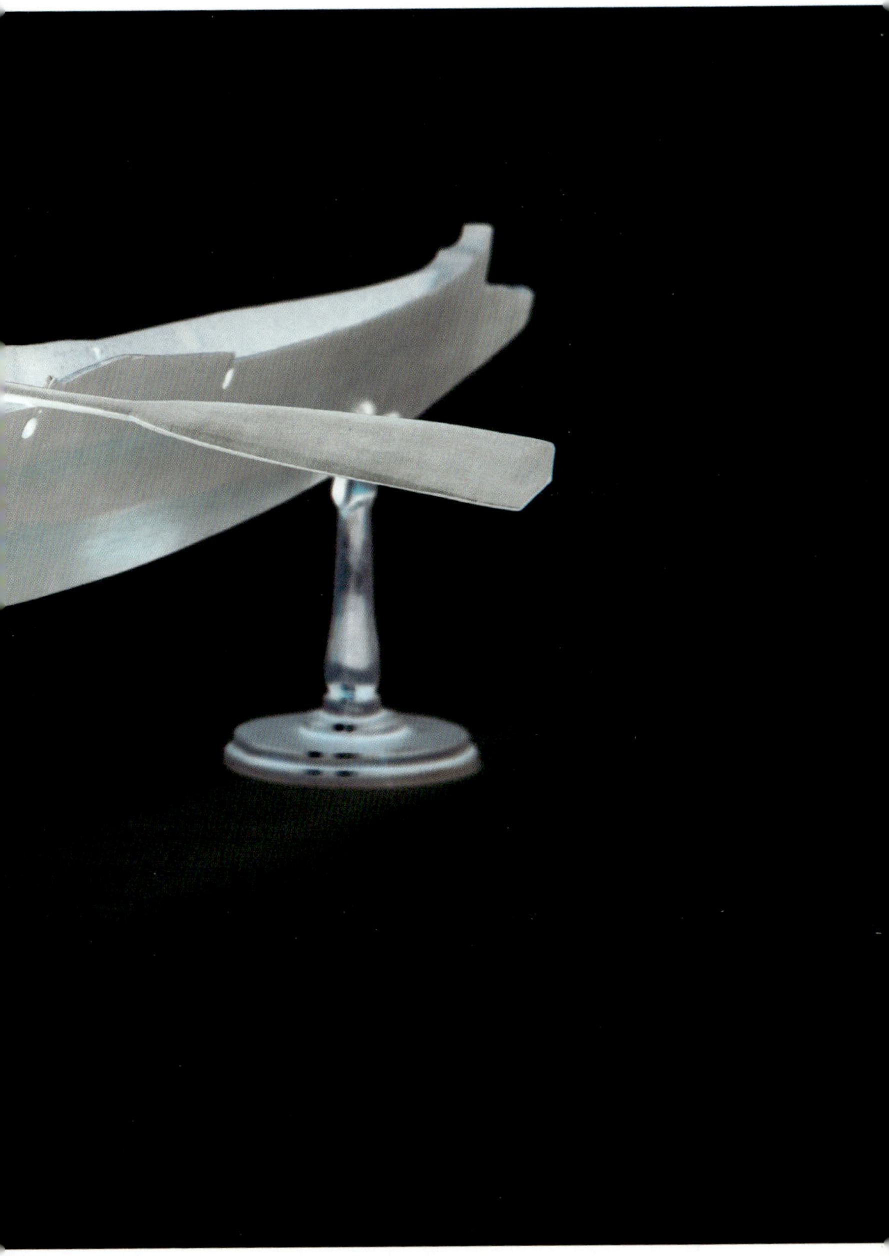

„Claus-Otto hat gesagt: ‚Ich habe jetzt so lange das gemacht, ich möchte jetzt was anderes machen.‘“

„Er hatte auch Pläne, irgendwo in die Südsee zu gehen. Dann wieder hatte er Pläne, mit dem Boot Weltumsegelung zu machen. Er hat viel gesponnen in der Beziehung und alles, was er dafür hergerichtet hat, das passt alles irgendwie nicht so richtig zusammen.“

„‚Alexander von Humboldt‘, 1999, bin ich auf dem Becks-Schiff mitgefahren, als Maschinist und Elektriker. Die haben eine Stammbesatzung mit zwanzig Mann und Trainees, die anlernen, die nie zur See gefahren sind. Das sind Manager, Ärzte, die mal abschalten wollen. Claus-Otto war mit als Trainee.“

„Er war so seekrank, das darf man gar nicht erzählen, der wollte nach Hause fliegen. Später in der Kneipe sag ich: ‚Na, Claus-Otto, warst du seekrank?‘ ‚*Pschttt!*‘ Das durfte keiner wissen, weil er immer groß die Klappe auf hatte.“

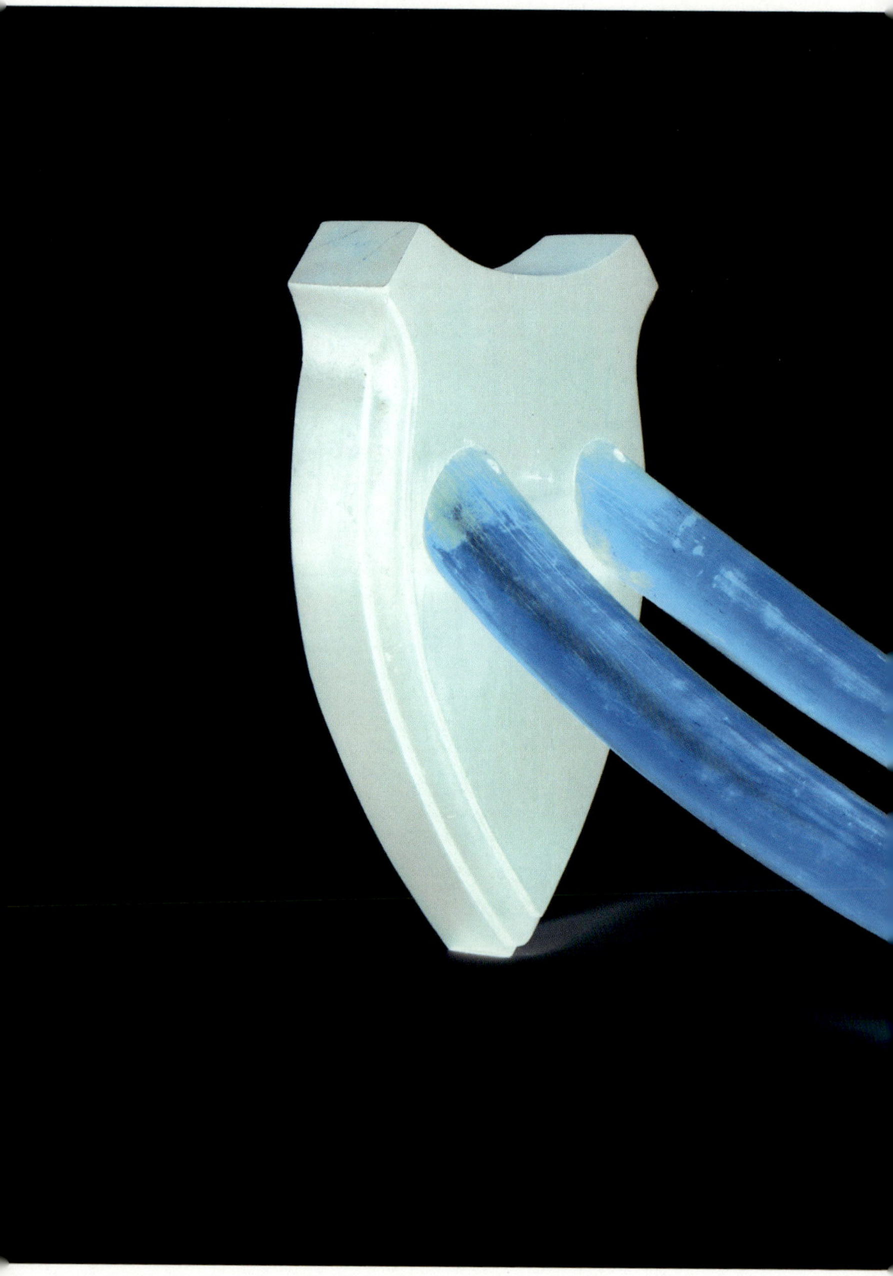

„Rüber übern Teich zu den Inseln Guadeloupe, Martinique die Ecke, dann Barbados, schöne Ecke, da bin ich gern gewesen. Zwei Jahre mal da unten gewesen, zwei Jahre nur Karibik, war schön, immer Sommer. Dann Montreal–Karibik, New-York–Karibik und im Winter Miami, Houston, Galveston, die ganze Ecke ab New Orleans, Venezuela, Orinoco hoch. Da haben wir damals den Zement hingefahren für die Brücke über den Orinoco. Zuchtbullen gefahren, an Deck Zuchtbullen. Hatten wir extra Cowboys mit. Da war alles mit an Bord. Waren nur ein paar Tage, vier, fünf Tage. Das war noch Ladung."

„Wegen der Containerfahrt. Deswegen hab ich aufgehört. Da haben wir in acht Monaten noch eine Nacht in Miami gehabt. Eine Nacht in Miami und sonst nur unterwegs …

… Das war die ‚Helene Roth‘, da bin ich gefahren acht Monate, neun Tage. Und wachfreier Betrieb, dass wir keine Wache gehen brauchten. Früher musstest du ja Wache gehen, zwölf bis vier, vier bis acht, acht bis zwölf. Und dann hieß das: ‚Sechzehn Stunden wachfreier Betrieb.‘ …

… Aber Containerfahrt wusste ich nicht, ob die schweren Container oben oder unten waren, bisschen Wind von der Seite, denn lag er so, denn lag er so, ich sach: ‚Fluten, lenzen, lenzen, fluten', die Ballasttanks. Nachts los denn, um das Schiff gerade zu halten. Da hab ich aufgehört, das war der Feierabend, da hab ich keine Lust mehr gehabt. Das war zweiundsiebzig."

„Damals lagen hier viele Krabbenkutter, dreißig, vierzig Stück manchmal, und die gingen abends zu Tante Herta. Dann war da manchmal ordentlich Rams.“

„Die Fischer, die von Büsum kamen und die von Friedrichskoog, die konnten sich nicht vertragen. Wegen der Frauen, oder der eine hatte sich dem anderen nicht getraut zu sagen, wie viel Krabben er gefischt hat, hat er gesagt: ‚Wir haben zwanzig Kisten gehabt', dabei haben sie bloß zwei gehabt, ‚Du lügst!', und rums. Wenn da zehn Fischer von Büsum drin waren im Hafen, sind zwanzig Fischer gekommen von Friedrichskoog, um sich zu prügeln. Haben die Büsumer einen Arsch voll gekriegt, damit sie ja nicht wiederkommen. Die Büsumer lagen dann nachher auf Amrum. Da gibt es auch so eine Kneipe, die ‚Blaue Maus'."

KOBLENZ

Glaube
Liebe
Hoffnung

„Die Kneipe stand eineinviertel Jahr zum Verkauf. Wir hatten Interessenten, die fragten, ob man das vielleicht mieten könnte oder pachten könnte, und die Befähigung gar nicht dazu hatten. Sie müssen ja heute, wenn sie so etwas machen, bestimmte fachliche Voraussetzungen mitbringen.“

„‚Ach!‘, sagen die, ‚Wir finden das so toll, und würden das gerne machen.‘ Ich sag: ‚Wie stellen Sie sich das vor, wie wollen Sie den Kaufpreis finanzieren?‘ Und dann gingen in der Regel die Hosen runter. Keine Föhrer, von außerhalb vor allem. Träumer, die davon träumen, auf der Insel glücklich zu werden.“

„Und dann hatte Claus-Otto eine Freundin. Die hatte sich gerade von ihrem Mann getrennt und hatte Claus-Otto dann kennengelernt und ist mit ihrer Tochter hier hochgezogen.“

Glaube, Liebe, Hoffnung – drei
Symbole, die an Festestagen
hier auf Föhr, als Zier der Frau
stolz am Silberschmuck getragen.

Glaube an den Sinn des Seins –
Flut und Ebbe ist das Leben –
Mensch und Kosmos sind doch eins –
Ewig kommen, ewig gehen –

Liebe, Herz im weiten Sinne –
für die Menschen, die Natur
und so viele kleine Dinge –
Liebe ist der Seele Zier –

Hoffnung, auch in schwerster Zeit
wie ein Anker hält im Grunde.
Hoffnung überwindet Leid,
heilt im Leben manche Wunde –.

„‚Glaube, Liebe, Hoffnung – drei
Symbole, die an Festtagen
hier auf Föhr als Zier der Frau
stolz am Silberschmuck getragen,

Glaube an den Sinn des Seins –
Flut und Ebbe ist das Leben –
Mensch und Kosmos sind doch eins –
ewig kommen, ewig gehen –

Liebe, Herz im weiten Sinne –
für die Menschen, die Natur
und so viele kleine Dinge –
Liebe ist der Seele Zier –

Hoffnung auch in schwerster Zeit
wie ein Anker hält im Grunde,
Hoffnung überwindet Leid,
heilt im Leben manche Wunde –‘,

Mensch, dat könnt von mir sein.“

„Das hat ein Maler gemacht, der malte ganz tolle Landschaften und Schiffe und so, und der kam bei uns mal an Bord. Das war in Kalundborg, in Dänemark, da fuhr ich auf so einem kleinen Kümo, und der sagt nebenbei: ‚Ich tätowier auch, müsst ihr heute Abend zu mir nach Hause kommen.‘“

„Und dann sind wir da bei den gewesen, und dann hat er dies gemacht.
Der Name, das heißt ‚Lis‘.“

„Claus-Otto hat schnell ein ganz tolles Verhältnis zu der Tochter auch aufgebaut. Mit der war er ziemlich viel zusammen und hatte so väterliche Gefühle für sie. Sie war so für ihn sein, ja, sein Ein und Alles. Er hat sie viel unterstützt, viel für sie getan, aber auch erwartet, dass sie ständig zu ihm, bei ihm auch dann zur Seite steht.“

Ein Bild an der Wand im Flur. Eine vielleicht in der Schule gemachte Tuschezeichnung. DIN A5 unter randlosem Glas. Ein Baum, sich vom Boden zum linken Bildrand erhebend. Seine Äste gehen mit einem daneben gesetzten Gesicht eine symbiotische Verbindung ein. Das Antlitz im Profil, gebildet aus wilden, expressionistischen Farbwellen. Sein zentrales Auge, riesenhaft im oberen goldenen Schnitt, sieht alles, vor allem die Betrachterin. Die Iris fast ganz frei stehend, führt es, vom restlichen Gesicht abgelöst, ein Eigenleben – dem Wahnsinn nah. Vielleicht ist das Bild ein Geschenk. Es berührt unangenehm und zieht eingerahmt von einem kleinen See- und einem Landstück die Aufmerksamkeit für den Moment auf sich.

„Er hat dann den Innenhof dazugenommen im Sommer, hat so was Ähnliches wie einen Biergarten eingerichtet.“

Herzlich Willkommen, in
der Gaststätte:
"Glaube-Liebe-Hoffnung"
Bei uns treffen Sie nette,
fröhliche, interessante
Menschen allen Alters, mit
denen Sie in lockerer und
lustiger Runde den Abend
verbringen können.

Die oft bestaunte maritime
Dekoration wurde in
Jahrzehnten von einheimi-
schen Seefahrern
zusammengetragen.

Während der
Sommermonate lädt der
ruhige, windgeschützte
und sonnige Biergarten
zum gemütlichen
Verweilen ein.

Wir freuen uns
auf Ihren Besuch

& Claus

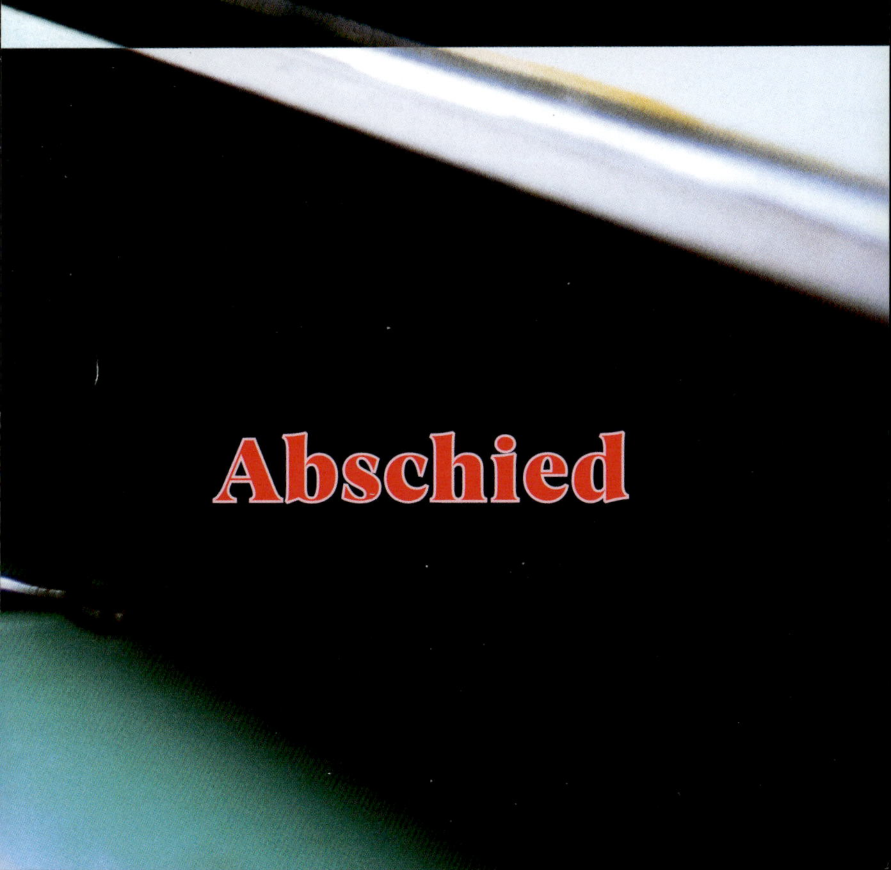

Abschied

„Die Lebensgefährtin, die war eigentlich recht nett. Aber denn war das mal auseinander, hat er sie weggejagt, weil irgendwas war vielleicht, und dann kamen sie doch wieder zusammen, denn ist sie nachher aber gegangen.“

„Man selber kann leicht mal eine wegjagen, aber wenn man selber weggejagt wird, sieht das schon anders aus.“

„Mit der Seefahrt hier in Wyk ist nicht mehr viel zu sehen. Sind ein, zwei, drei Jungs vielleicht noch, die ein Patent gemacht haben.“

„Die Friedrichsköger liegen mittlerweile in Büsum. Friedrichskoog ist so versandet, und die Kutter heute, die gehen alle tiefer als früher, die können da gar nicht mehr hin. Darum überlegt man, Friedrichskoog zu schließen, den Hafen ganz dichtzumachen. Die Kutter liegen jetzt alle in Büsum und von da aus fahren sie. Es ist auch nicht mehr so, dass die heute rausfahren, eine Tide fischen, dann wieder reinkommen und ihre Sachen verkaufen. Die sind zwei, drei Tage unterwegs, machen ihren Kühlraum voll, laden das aus in Husum oder Büsum zur großen Genossenschaft, das sind Kühlräume, und dann geht der Container ab nach Marrokko zum Pulen. Das hat einen ganz anderen Charakter bekommen alles."

„Es sind nur noch zwei kleine Kutter, die an der Pier Krabben verkaufen. Auf Amrum ist es nur noch einer, das war's."

„Irgendwann waren nur noch ein paar Leute am Tresen, und einer erzählte etwas, wollte ich was sagen, da schrie er mich an: ‚Halt dein' Mund, du hast hier gar nichts zu sagen!' Hab ich mein Bier ausgetrunken, bezahlt und bin gegangen."

„Hier im Wattenmeer waren Muscheln, Mann! Wir suchten im Sommer die Saat, und im Winter wurde die Muschel verkauft. Entweder so kleine für die Franzosen, die wollen immer klein haben, oder für die Holländer die großen. Blaue Miesmuscheln, was anderes gar nicht. Ich hatte einen eigenen Kutter. Wir haben sehr viel exportiert nach Holland und Frankreich und ins Rheinland. Jetzt ist da nix mehr."

„Jetzt kannst rauslaufen ins Watt und findest Austern. Und die Miesmuschel geht durch die Auster kaputt. Die sind alle weg die ganzen Muschelfischer, die hier immer lagen, da sind ja drei, vier, fünf Stück gewesen. Jetzt ist das praktisch alles in holländischer Hand. Ich hab damals meinen Kutter auch verkauft an Holland, also an einen Holländer."

„Und dann ist zwei Tage später das Gleiche noch mal passiert. Hab ich auch das Bier ausgetrunken, bin gegangen und bin nie wieder hingegangen. Das war etwa anderthalb Jahre vor seinem Ende. Da stand er dann nur noch mit einem anderen, einem Gast, er alleine mit einem Gast. Der guckte mich ganz erschrocken an, als Claus-Otto anfing, mich anzuschreien. Der ist nachher auch nicht mehr hingegangen, da war Claus-Otto ganz allein."

„Claus-Otto hat das gewusst mit dem ‚Heimathafen'.
Er wollte ja schon lange verkaufen."

„Er wollte die Gaststätte aufgeben, das hat er wortwörtlich gesagt: ‚Das bringt nichts mehr, das hat kein Zweck mehr, jetzt baue ich hier Wohnungen rein.‘“

„Wir haben mit Claus-Otto noch gesprochen hier, da haben wir vom Bauausschuss hier eine Begehung gemacht. Er hatte einige Pläne und fragte, ob er hier was erneuern dürfte. Ob er dahinten das abreißen dürfte, neu bauen. Wir sind dann zur Beratung ins Rathaus gegangen.“

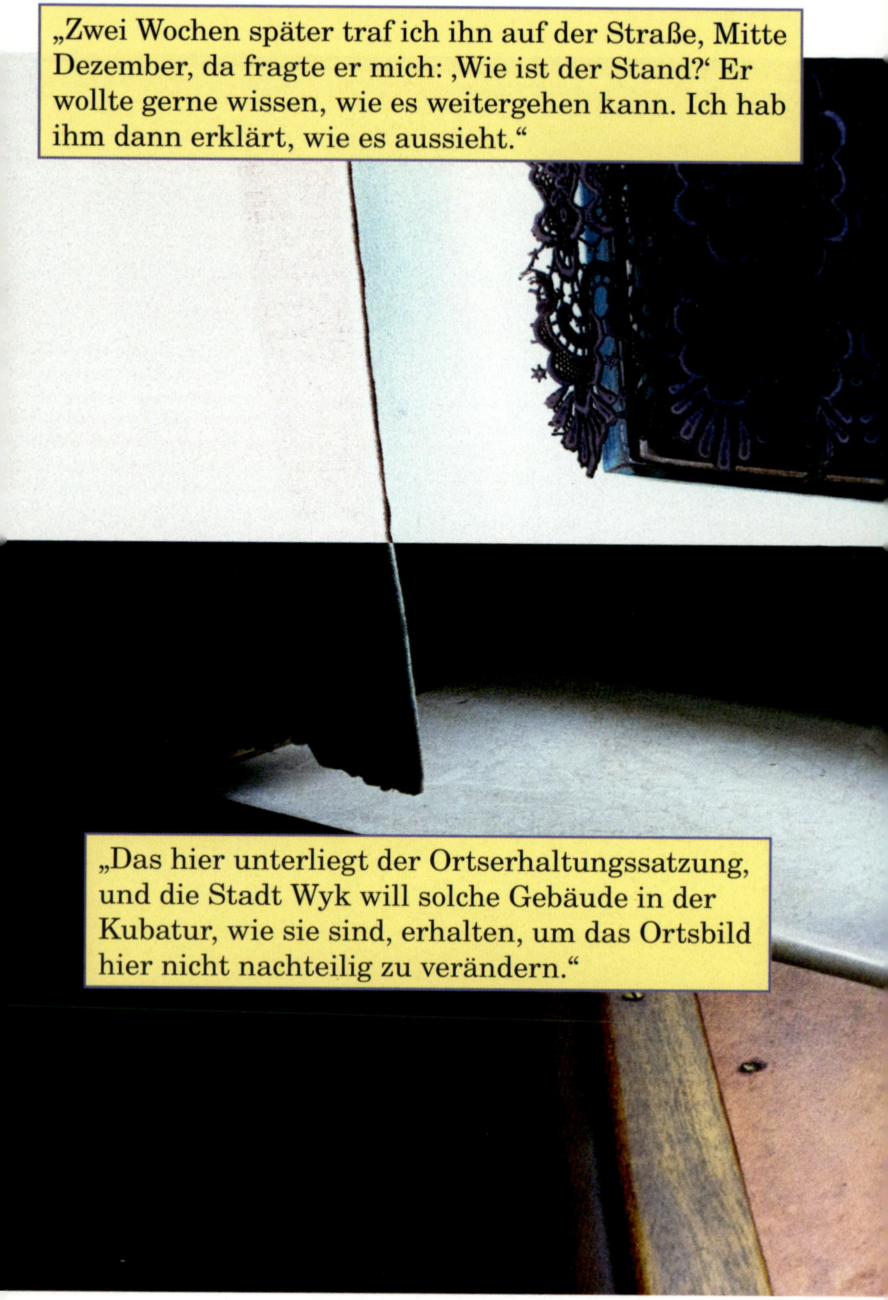
„Zwei Wochen später traf ich ihn auf der Straße, Mitte Dezember, da fragte er mich: ‚Wie ist der Stand?‘ Er wollte gerne wissen, wie es weitergehen kann. Ich hab ihm dann erklärt, wie es aussieht.“
„Das hier unterliegt der Ortserhaltungssatzung, und die Stadt Wyk will solche Gebäude in der Kubatur, wie sie sind, erhalten, um das Ortsbild hier nicht nachteilig zu verändern.“

„Und Heiligabend, da ist seine Welt zusammengebrochen.“

„Und denn ist er durchgedreht. Das ist natürlich schade, war ein feiner Kerl.“

„Er hat Tabletten geschluckt, dazu Alkohol, zwei Promille, und dann ist er mit nur sehr dünnen Kleidungsstücken ins Wasser gegangen.“

„Er wusste ganz genau, da wartet man einen Augenblick und nach zwei, drei Minuten schläfst du einfach ein, spürst du nichts mehr.“

„Claus-Otto hat immer gesagt:
‚Ich will bei meiner Mutter liegen.'"

„An Kniepsand haben sie ihn wiedergefunden, auf Amrum. Aber lange hat das gedauert.“

An der Küste der Insel Amrum wurde durch Spaziergänger eine Wasserleiche gefunden. Der Verdacht, dass es sich bei der Leiche um den vermissten Gastwirt einer Gastwirtschaft auf der Insel Föhr handeln könnte, konnte durch einen DNA-Abgleich bestätigt werden. Anzeichen für äußere Gewaltanwendung wurden im Rahmen der Obduktion nicht gefunden.

Rest

„Wir wissen, dass er noch das Testament geändert hat, das hat man oben gefunden.“

„Er hat es auf der Rückseite einfach reingeschrieben, einen Satz: ‚Ich widerrufe alles und vermache hiermit alles der DGzRS.‘“

„Es ist total krass, hier reinzukommen, hoch in seine Küche, sein Wohnzimmer, und zu sehen, es ist alles weg, er ist weg. Dass die komplette Identität dieses Menschen einfach verschwindet, inklusive aller Dinge. Man hängt sich ja an Gegenständen auf, weil man den Menschen nicht mehr hat. Und die Kneipe kommt auch weg und das ganze Interieur.“

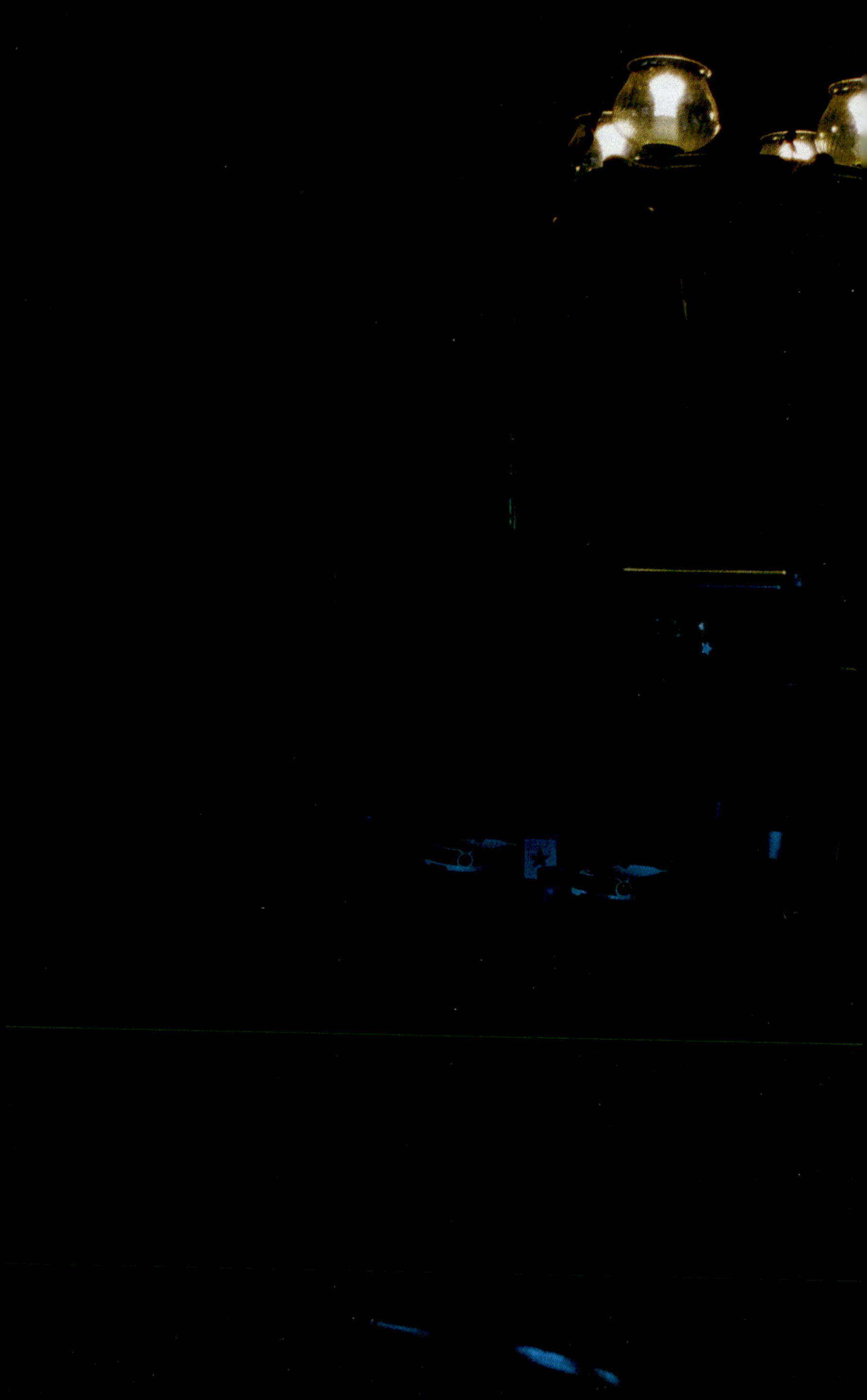

„Alles vom Winde verweht dann.“

Die Deutsche Gesellschaft zur Rettung Schiffbrüchiger hat das Inventar der Kneipe dem Friesenmuseum in Wyk auf Föhr vermacht. Mit wenigen Ausnahmen lagern die Objekte seitdem in einem Container.

MAERSK

sky

Haus und Kneipe wurden verkauft. Der neue Besitzer betreibt sie unter demselben Namen als Sportsbar weiter. Das Friesenmuseum hat ihm einige Stücke aus der alten Sammlung als Dauerleihgabe überlassen. Teile des alten Mobiliars wurden erhalten.

Die Erzählungen im Buch sind verdichtete Gespräche mit

Uwe Asmussen, Jan-Arndt Boetius, Mario di Costanzo, Salvatore di Costanzo, Hans-Erich Bradhering, Simon Braren, Geert Edel, Hermann Gerdau, Hans-Peter Gondesen, Heiko Hermans, Ulrich Herr, Ane Ingwersen, Inga Jacobsen, Jann Jacobsen, Jens Jacobsen, Dirk Jenßen, Erwin Jessen, Christine Jochim, Dierk Jochim, Johanna Jochim, Knudt Kloborg, Jutta Kollbaum-Weber, Bernhardt Krüdenscheidt, Michael Lohse, Heinz Lorenzen, Harro Matthiesen, Edith Matthiesen, Eckhard Menster, Usche Meuche, Dietrich Meyn, Lore Meyn, Elke Musche, Klaus Musche, Georg Neisen, Elke Nissen, Peter Pothoff-Sewing, Inge Rave, Rolf Reinhardt, Nicolaus Stadeler, Fiete Walterscheid, Sarka Walterscheid, Siegfried Wolf, Klaus Wrobel und Hannsjochen Ziegler.

Die **** stehen für unterschiedliche Worte, die der Autor nicht reproduzieren will. Andere als problematisch erachtete Ausdrucksformen sind im Wortlaut wiedergegeben.

Der Titel **„Ein Lied vom Leben"** ist eine Textzeile aus dem Lied „Die großen weißen Vögel", gesungen von Ingrid Caven (Text von Peer Raben und Hans-Magnus Enzensberger), 1979.

S. 58–59: aus dem Artikel „Die Wyker und ihr General" von Jörg Reckmann, in Die Zeit vom 28.3.1980

S. 276: E-Mail von Ulrike Stahlmann-Liebelt, Staatsanwaltschaft Flensburg, 17.12.2014

Der restliche Text ist vom Autor verfasst.

Die Gegenstände wurden von Grischa Schmitz und vom Autor fotografiert.

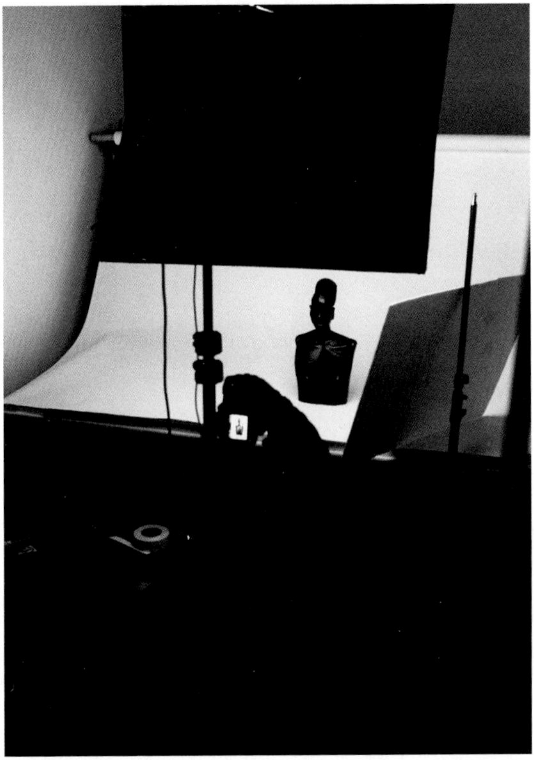

Die Motive Anker, Herz und Kreuz auf auf dem Cover und der letzten Seite wurden der Glasurmalerei von Ingrid Thoedter auf der Teekanne, S. 36 und S. 99, entnommen.

Das Foto der RAMA-Schachtel, S. 167, ist der Website wirtschaftswundermuseum.de entnommen. Eine Lizenzanfrage blieb unbeantwortet.

Die Bilder, S. 172 (Claus Menden sen.), S. 173 (Herta Menden), S. 182 (Herta Menden, n.n. & Claus Menden sen.), S. 203 (Mann mit Maske, vermutlich Claus Menden sen.), S. 204 (Claus Menden sen. & mutmaßlich Otto Nebel), stammen von Wilhelm Ellermann aus den 1950er-Jahren.
Die Abbildung erfolgt mit freundlicher Genehmigung der Ferring Stiftung.

Das Schwarz-Weiß-Foto, S. 206, befand sich im Nachlass von Claus-Otto Menden. Fotograf:in unbekannt.

Die „Karte der Weltwirtschaft", S. 214–215, ist ca. 1900 im Bibliographischen Institut Leipzig veröffentlicht worden.

Das Videostill, S. 230–231, ist aus einem Euronews-Beitrag aus dem Jahr 2021. Die Urheber:in konnte nicht ermittelt werden.

Die Collage „AI.hoy" vom Autor, S. 238–239, beruht auf einem Imagebild der „Mayflower" von IBM / Promare und einem Screenshot von marinetraffic.com vom 16. November 2022.

Das gerahmte Foto, S. 270, zeigt Claus-Otto Menden hinter dem Tresen. Die Urheber:in ist unbekannt.

Das Still, S. 298–299, aus der Videoarbeit „Was bleibt?" vom Autor mit den „Feer Ladies" zeigt Silke Jensen.

Das Bild „Abschied von meiner Mutter", S. 4, und alle weiteren Fotografien sind vom Autor.

Das Kneipeneingangsschild „Glaube Liebe Hoffnung", S. 8–9 und S. 20–21, wurde von Willy Wieghorst gefertigt.

Die Teekanne, S. 36 und S. 99, haben Ingrid Thoedter und ihr Sohn Heino Thoedter Herta Menden am 21.2.1990 zu ihrem 70. Geburtstag geschenkt.

Die Malerei „Rickmer Rickmers", S. 217, stammt von P. Lindemann aus dem Jahr 1987.

Das Buddelschiff „Kutter vor Helgoland", S. 224–225, wurde von Andreas Hendemann in die Flasche gebracht.

Die Urheber:innen der weiteren Gegenstände und der Schnitzereien, englisch „Scrimshaw", auf den Wal- oder Stoßzähnen konnten vom Autor nicht sicher bestimmt werden. Die mögliche Herkunft einiger wurde von Michael P. Dyer, dem Kurator für maritime Geschichte des New Bedford Whaling Museums, und David Zemanek vom Kunstauktionshaus Zemanek-Münster anhand der Fotografien unter Vorbehalt bestimmt.

Herzlichen Dank

an diejenigen, die ihre Geschichten mit mir geteilt haben, für ihre Offenheit und ihr Vertrauen,

an diejenigen, die das Buch ermöglicht haben: Nicolaus Stadeler, Geschäftsführer der DGzRS, für sein Interesse und sein Vertrauen, Grischa Schmitz für seine Spontanität, seine Engagement und seine Treue, Ulrike Boskamp für ihre Ermutigung, Unterstützung und Vernetzung, Ulrike Wolff-Thomsen für ihre Einladung des Projekts in das Museum Kunst der Westküste, ihr Vertrauen und ihre Unterstützung,

an diejenigen, die die finanzielle Förderung des Projekts betreut haben: Mona Jacobsen, Britta Klöpfer, Bettina Kruse, Andrea Kühnast, Axel Scholz,

an diejenigen, die an das Buch glauben und es verlegen: Gustav Mechlenburg und Nora Sdun,

an diejenigen, die das Buch zusammen mit mir gestaltet haben: Micha Bonk für seine unschätzbare Arbeit als Editor und Sparringspartner weit über die Arbeit hinaus, Franziska Nast für ihre spontane Bereitschaft mitzumachen und ihre Geduld, als es dann doch viel länger brauchte und weniger frei zu gestalten war, Lutz Klüppel und Lian Rangkuty für das Korrektorat,

an diejenigen, die mir an verschiedenen Stationen unterwegs Unterstützung, Rat oder Auskunft gegeben haben: Jennifer Bennett, Rolf Bothe, Hans-Erich Bradhering, Michael P. Dyer, Hans-Hermann Gerdau, Jürgen Huß, Jens Jacobsen, Bettina Kruse, Beda Mulzer, Heike Muß, Natalie Severin, Sigurd Schmidt, Thomas Steensen, Andrea Vogt, David Zemanek, an diejeinigen, die ihre Meinung zum jeweiligen Stand des Buchs mit mir geteilt haben: Mirjam Bayerdörfer, Alexander Buresch, Domenico Distilo, Michael Ebert-Hanke, Silvia Făgăraşan, Nadja Höhfeld, Antonia Kühn, Ingo Randolf, Martina Strusny, Lily Wittenburg,

und an meine Eltern: Reinhold Ehlers, der mir den Hinweis auf die Geschichte gegeben hat, und Imke Ehlers, die mich mit ihm zusammen beständig unterstützt hat während der zwölf Jahre, in deren Verlauf dieses Buch entstanden ist.

Die Produktion des Buchs wurde finanziell gefördert vom Ministerium für Allgemeine und Berufliche Bildung, Wissenschaft, Forschung und Kultur des Landes Schleswig-Holstein, dem Kulturwerk der VG-Bildkunst, der Arthur Boskamp-Stiftung, der Stiftung „Das Vermächtnis van Wouwer" und der Stiftung Nordfriesland.

SH
Schleswig-Holstein
Ministerium für Allgemeine und Berufliche Bildung, Wissenschaft, Forschung und Kultur

Bild Kunst
KULTURWERK

ARTHUR BOSKAMP-STIFTUNG
M.1 HOHENLOCKSTEDT

Stiftung Nordfriesland

Berlin / Föhr / Hamburg
2023